Blumenstock · Schreiben und Schreiben lernen

Leonhard Blumenstock

Schreiben und Schreiben lernen

Tipps, Materialien und Übungen
zum freien und angeleiteten Schreiben

Klassen 1 bis 4

Beltz Verlag · Weinheim, Basel, Berlin

Leonhard Blumenstock, Jg. 1944, Diplompädagoge, ist Professor am Institut für Grundschulpädagogik der Universität Koblenz-Landau, Campus Landau.

Trotz aller Bemühungen ist es uns leider nicht in jedem Fall gelungen, die Rechteinhaber ausfindig zu machen. Sie werden gebeten, sich gegebenfalls an den Beltz Verlag zu wenden.

Lektorat: Peter E. Kalb

www.beltz.de
Herstellung: Ute Jöst Publikations-Service, Birkenau
Satz: Mediapartner Satz und Repro GmbH, Hemsbach
Druck: Druckhaus Beltz, Hemsbach
Umschlaggestaltung: Federico Luci, Köln
Umschlagabbildung: Tobias Gremmel/Das Fotoarchiv, Essen
Printed in Germany

ISBN 3-407-62505-7

Inhaltsverzeichnis

Einleitung

Dieses Buch möchte Brücken schlagen

- … zwischen Theorie und Praxis.
- … zwischen Schreib-Erstunterricht und weiterführendem Schreibunterricht.
- … zwischen freiem und gebunden-geleitetem Schreiben.
- … zwischen übendem, formbezogenem und inhaltsbezogenem Schreiben.
- … zwischen verschiedenen Funktionen des Schreibens (kommunikativ, heuristisch …).
- … und zwischen verschiedenen Anlässen und Formen des Schreibens (sachlich, poetisch …).

Es soll Studierenden sowie Lehrenden die Möglichkeit geben, Grundsatzgedanken in praktischen Beispielen wieder zu finden, Schreib-Erstunterricht von Anfang an im vollen Sinne des Schreibens durchzuführen, freies Schreiben aufzubauen und zu verbessern, einen ideenreichen Schreibunterricht zu praktizieren, der die Vielfalt der Möglichkeiten bewusst zulässt und nicht durch die Verengungen eines theoretischen Ansatzes beschränkt.

Um es poetisch auszudrücken: Im Garten des Schreibens sollen viele Pflanzen gedeihen, kleine und große, wild wachsende und gehegte, bunt-üppige und einfache.

Vor allem aber sollen die Kinder gerne in diesen Garten gehen und sich darin vergnügen. Sie werden in diesem Garten nicht allein gelassen; sie werden aber auch nicht an einem Gängelband hindurch geführt.

Ein kurzer kritischer Rückblick

Ein Blick auf die Entwicklungen in der Didaktik des Schreibens speziell für die Grundschule lässt Einseitigkeiten erkennen, die es zu vermeiden gilt.

Das Schreibenlernen wurde in der so genannten »Bewegungsdidaktik« (u.a. Gramm 1971, Lämmel, in: Schorch 1983) der Nachkriegsjahrzehnte ausschließlich unter dem Aspekt der Schreibmotorik und des Erlernens von Schreibbewegungen, Schreibflüssigkeit und des verbundenen Schreibens gesehen. Traditionell stand auch der kalligrafische Aspekt im Vordergrund: Weiterführendes Schreiben als Hinführung zur formschönen Handschrift. Zahlreiche methodische Handreichungen für die Hand der Lehrenden, meist von Verlagen herausgebracht, gaben Anleitungen für schreibmotorische Vorübungen, die vor das Erlernen des »eigentlichen« Schreibens in der verbundenen Schrift (lateinische Ausgangsschrift) gestellt wurden. In der Unterrichtspraxis wirkt dieser Ansatz bis heute nach: Nach wie vor erlernen viele Kinder im ersten Schuljahr zuerst die schwierige, verbundene Schrift, müssen dazu Schreibvorübungen (»Schwungübungen«) in großer Zahl durchführen, eng von der Lehrerin angeleitet, ohne die Möglichkeit, schon so bald wie möglich durch Schreiben ihre Gedanken ausdrücken zu können.

Erst im so genannten »Aufsatzunterricht« durften die Kinder wirklich schreiben. Der aber setzte erst gegen Ende des zweiten oder sogar erst im dritten Schuljahr ein. Zuerst mussten noch die grundlegenden orthografischen Fähigkeiten erworben werden. »Dem schriftlichen Gestalten geht notwendigerweise das orthografische und kalligrafische Erlernen des Schreibens voraus«, so betont Helmers in einer weit verbreiteten Didaktik der deutschen Sprache die strenge Stufenfolge in der Hinführung zum selbstständigen Schreiben (Stuttgart [7]1972, S. 222). Erst werden die Teilfähigkeiten zum Schreiben erworben, dann erst setzt das selbstständige, gestaltende Schreiben ein. Ob bis dahin nicht Interesse und Selbstvertrauen bei vielen Kindern längst verschüttet sind? Kurt Meiers spricht in seinem Artikel zum Anfangsunterricht im Lesen und Schreiben im neueren »Taschenbuch des Deutschunterrichts« zu Recht von der Gefahr, dass isolierte Schreibvorübungen größeren Umfangs und längerer zeitlicher Erstreckung »leicht demotivierende Wirkungen entfalten können« (Meiers 1990, S. 187).

Durch die Betonung und Isolierung der schreibmotorischen Übungen für eine verbundene Schrift von Anfang an wurde das Schreiben außerdem von den anderen Sprachfunktionen isoliert. So wurde das Schreiben vom Lesen getrennt, denn das Lesenlernen eilte in der Fibel meist weit voraus. So lasen die Kinder oft schon kleine Fibeltexte, wenn sie im Schreiben noch bei Vorübungen und Übungen zum »Erschwingen« einfacher Buchstaben und Buchstabenverbindungen waren. Schreibvorübungen waren auch nicht mit der mündlichen Sprache der Kinder verbunden. So kam die Erkenntnis, dass Schreiben ein Festhalten von in mündlicher Sprache darstellbaren Gedanken ist, im Schreibanfangsunterricht notwendigerweise zu kurz.

Sicher können die Fehlentwicklungen der Erstschreibdidaktik und des verspäteten Beginns schriftsprachlichen Ausdrucks auf ein Perfektionismusstreben zurückgeführt werden.

Fehler sollten im Ansatz vermieden werden: Die Kinder sollten formrichtig, orthografisch korrekt, grammatikalisch fehlerfrei und möglichst gleich in durchstrukturierten und einwandfrei aufgebauten Texten schreiben. Vorformen auf dem Wege zu solch hohem Ziel galten als »Fehlformen«, die zu vermeiden seien. Die Kinder, die im Aufsatzunterricht plötzlich mit hohen komplexen Anforderungen konfrontiert wurden, reagierten mit Angst vor dem Schreiben. Die Aufsatzdidaktik des 20. Jahrhunderts trug zu Einseitigkeiten das ihre bei. Schriftsprachliches Gestalten in der Grundschule wurde von Reformpädagogen auf freies Erzählen reduziert. Dabei kamen andere Formen und Funktionen des Schreibens nicht vor (siehe didaktische Schriften wie: Münch 1909; Gansberg 1954). Nach einer Phase stilistisch orientierter geleiteter spracherzieherischer Aufsatzdidaktik (siehe u.a. für die Praxis des Aufsatzunterrichts: Reumuth, K./Schorb, A.O.: Der muttersprachliche Unterricht. Dürr, Bad Godesberg ^{8}1963) folgten vor allem in den 70er-Jahren eine Fülle sehr einseitiger didaktischer Ausrichtungen, die zum Teil bis heute nachwirken.

Schreiben wurde unter anderem als Mittel zur Emanzipation gesehen (Ingendahl 1972), als Mittel der Kommunikation oder Kritik (Haueis/Hoppe 1972), als Mittel zur Selbstfindung (Wünnenberg 1989) und in letzter Zeit über den Weg des »freien Schreibens« als Weg zu Kreativität und Spontaneität (vgl. u.a. die zahlreichen Veröffentlichungen von Brügelmann; Fallstudien spontanen Schreibens bei Blumenstock, Gaber/Eberwein). Isoliert gesehen stellen alle diese Ansätze nur einen schmalen Ausschnitt aus der Gesamtbreite schulischer Schreibmöglichkeiten und -funktionen dar. Erst in der Verbindung tragen sie zu einem harmonischen, allseitig fördernden und motivierenden Schreibunterricht bei.

Schreiben in der Grundschule: Ein integrativer Ansatz

Kinder sollen früh schreiben

Fallstudien von bereits im Vorschulalter schreibenden Kindern zeigen, dass Kinder schon früh gern und häufig schreiben, wenn sie Einsicht in die Funktion der Schriftsprache gewonnen haben und über einiges Buchstabenmaterial zweckentsprechend verfügen. Sie schreiben dann oft ganz begeistert: Briefchen, Listen, Zettel, beschriftete Malereien und vieles andere mehr.

Auch Erfahrungen mit frühem Schreiben im ersten und zweiten Schuljahr sind in der Fachliteratur niedergelegt. Ansätze zu einem auf frühem Schreiben basierenden Schriftspracherwerb gibt es bei Blumenstock, Brügelmann, Dehn, Scheerer-Neumann, Spitta, und viele Lehrer haben in der Praxis gute Erfahrungen mit einem Schreiben von Schulanfang an gemacht, das nicht vor allem auf Schreibvorübungen angelegt ist, sondern das die Kinder so früh wie möglich zu einem Schreiben im Vollsinn des Wortes befähigen möchte.

Dazu sind schnelle Einsicht in die Buchstaben-Laut-Beziehungen, einfache Schriftformen (am einfachsten Großantiqua; vgl. u.a. Blumenstock, G. und L: Fimi-Fibel. Konkordia, Bühl 1998) und ein Verzicht auf verfrühte Perfektion auch in formaler Hinsicht notwendig. Ein solches frühes Schreiben bereitet die »großen« Schreibformen vor:

- von der Einzelnotiz zum Einkaufszettel,
- vom Ein-Satz-Brief zum formal korrekten größeren Brief,
- vom Zweizeiler zum Haiku oder Elfchen,
- von der Auflistung des Gesehenen im Zoo zu einer genaueren Beschreibung und
- vom Erlebnis-Einzelsatz zur größeren Erlebniserzählung.

Kinder dürfen beim Schreibenlernen »Fehler« machen

Die Untersuchung von Fallstudien aus dem vorschulischen Alter (z.B. Blumenstock 1986; Gaber/Eberwein 1986) zeigt, dass Kinder nicht einzelne Fähigkeiten (orthografisch, motorisch, inhaltlich ...) addieren, sondern dass sie beim inhaltsbezogenen Schreiben von Anfang an die Fähigkeiten in all diesen Bereichen in Vor- und Übergangsformen langsam entwickeln.

Schreiben kann sich auch im frühen Unterricht in diesen Früh- und Übergangsformen aus dem teilphonetischen Stadium (I GE I DI SUL) über das vollphonetische Stadium (IS GEE IN DI SULH) zum orthografisch orientierten Schreiben (ICH GEHE IN DIE SCHULE) hin entwickeln. »Perfektheit« des Schreibens ist hier nicht Ausgangspunkt beim Aufschreiben von Gedanken, Aussagen, Mitteilungen, sondern angestrebtes Ziel, das die Kinder schreibend, sich selbst und andere verbessernd mit Hilfestellungen durch die Lehrerin, unterstützt durch einen ergänzenden Unterricht, erreichen sollen.

Schreiben in modernem Sinne verbindet traditionelle Lernfelder

In der Tradition des Schreibunterrichts (beispielsweise auch noch im Lehrplan Deutsch Grundschule 1984 für Rheinland-Pfalz) sind die Bereiche des Schreibenlernens, des weiterführenden Schreibunterrichts sowie des Aufsatzunterrichts streng getrennt. Daneben steht dann noch das Lernfeld des »Rechtschreibens«. Dies hat u.a. dazu geführt, dass das Schreibenlernen, oft auch noch vom Bereich des Lesenlernens getrennt, stark isoliert und vor allem auf den Bereich der Einübung schreibtechnischer Fertigkeiten reduziert wurde. So konnte Dieter Gramm, einer der einflussreichen »Bewegungsdidaktiker« der Nachkriegsjahrzehnte, Schreiben ausschließlich als »Bewegung« definieren. Inhalte spielten im Anfangsunterricht dieser Art keine Rolle; die Kunst des Schreibens im ersten Schuljahr schien nur aus dem Ausführen möglichst richtiger Schreibbewegungen zu bestehen. Dazu führten die Kinder oft monatelang öde Schreibschwungübungen durch, eng am Gängelband des Lehrers.

Hier soll nicht die Vorübung grundsätzlich in Frage gestellt werden. Sie darf aber nicht zum Selbstzweck und alleinigen Ziel des frühen Schreibenlernens werden.

Schreiben bezieht schon in der Grundschule alle Formen und Funktionen ein

Die Geschichte der Aufsatzdidaktik für die Volksschule, insbesondere für die untere Stufe, heute Grundschule, ist voll von Einschränkungen, Behauptungen des Nichtkönnens. Zum Teil gelten diese Restriktionen auch für die schriftsprachlichen Produktionen der Gymnasien (vgl. die Ausführungen von Merkelbach 1993, S. 6ff.). Insbesondere die literarische Produktion wurde noch nicht einmal dem Gymnasiasten, geschweige denn dem Volksschüler oder gar dem Grundschüler zugetraut. Die

Aufsatzdidaktiken der Nachkriegszeit behandeln literarische Produktionen erst gar nicht. Die neueren Veröffentlichungen (vgl. etwa Beck/Hofen 1990) zum Aufsatzunterricht in der Grundschule umfassen zumindest das Prosaschreiben nach literarischen Vorlagen, das auch kreative Prozesse durchaus einschließt (Umschreiben, Gegentexte schreiben ...). Unterrichtsbeispiele, etwa zum Schreiben nach Märchen (vgl. u.a. Payrhuber, in: Beck/Payrhuber/Steffens 1981; Friedland, in: Hegele 1994) zeigen, wie fruchtbar solche Formen des Schreibens schon im Grundschulalter sein können.

Seit Gatti 1979 sein Buch »Kinder machen Gedichte« veröffentlichte, gehört die lyrische Seite der Schreibproduktionen wieder zum offiziellen schulischen Repertoire, inzwischen auch in der Grundschule. Man traut es auch kleinen Kindern inzwischen wieder zu, dass sie lyrisch produktiv sind; das Schreiben von Gedichten gehört nicht mehr nur in die Privatsphäre – etwa wenn Grundschüler ihren Großeltern ein kleines Gedicht zum Geburtstag schrieben. Valentin Marenbach spricht in diesem Zusammenhang vom »Abschied von der Genie-Ästhetik« – auch in diesem Bereich bleiben Produktionen nicht mehr nur den großen Dichtern vorbehalten.

Die Erfahrungen der Didaktik der letzten Zeit lassen einerseits kleine Zweckformen des Schreibens wie Zettel, Notizen, Einladungen für den schulischen Alltag als sinnvoll zu; aber auch das zweckungebundene Schreiben in spielerischen Anlässen ist seit den 70er-Jahren in der Grundschule erfolgreich (vgl. u.a. Oswald Becks Beitrag von 1981 zum Spielen mit Sprache in der Grundschule). Im Untertitel dieser Veröffentlichung betont Beck die »Verflechtung rezeptiver und produktiver Sprachvorgänge im Deutschunterricht«, eine Verbindung, die sehr fruchtbar erscheint und dem Schreiben eine Fülle von Anregungen gibt. Sie ist ein wichtiger Aspekt integrativen Sprachlernens.

Während schulisches Schreiben traditioneller Weise individuell angelegt war, wurden nun kollektive Formen des gemeinsamen Schreibens entdeckt: Fritzsche gibt in seiner »Schreibwerkstatt« einige Beispiele für »Rundumschreiben«. Vielleicht wird auch der häufig anzutreffende »Bierernst« schulischen oft leistungsbewerteten Schreibens abgebaut und Schreiben wird unterhaltsam, wie es für selbstständig im Familienkreis schreibende Kinder offenbar der Fall ist.

Schreiben ist auch in der Grundschule nicht nur Kommunikation mit anderen, bisweilen Dialog, sondern auch Monolog, wo Kinder sich mit eigenen Gedanken, auch Problemen, auseinander setzen (vgl. etwa Wünnenbergs »sich frei schreiben« von 1989). Aber das problemorientierte, sogar auf Weltprobleme wie Krieg und Not bezogene Schreiben kannte ja bereits Célestin Freinet in seinem kleinen südfranzösischen Dorf in den 30er-Jahren.

Dabei halten Kinder oft die Grenzen zwischen sachbezogenem und fantastischem, subjektivem und objektivem Schreiben nicht ein – auch ein Bericht kann unterhaltsam sein. Die Grenzen verwischen.

Schreiben ist von Anfang an frei und kreativ

Während die Reformpädagogen eigentlich unter »freiem Aufsatz« lediglich themenoffenes realistisch orientiertes Erzählen verstanden, bezieht die moderne didaktische Bewegung des freien und kreativen Schreibens eine Vielzahl von Formen, Anlässen und Funktionen ein.

Es ist sehr wichtig, dass das kreative Schreiben nicht auf die Altersstufe der Jugendlichen und Erwachsenen beschränkt bleibt, wo es schon seit einiger Zeit erfolgreich betrieben wird (vgl. u.a. Merkelbachs Reader »Kreatives Schreiben« 1993; Fritzsches »Schreibwerkstatt« 1993; die »Musenkussmischmaschine« von Mosler/Herholz 1991; Lutz von Werders »Der integrative Ansatz im kreativen Schreiben« 1993). Schon in den 70er-Jahren entwickelten sich Ideen zum spielerischen Schreiben (Mattenklott 1979). In die Grundschule kam diese Idee mit der Rezeption reformpädagogischer Ideen (u.a. bei Freinet: u.a. Jörg), aber auch durch sprachtheoretische Überlegungen zum Kreativitätsaspekt beim Erwerb der Sprache, auch der schriftlichen Sprache (vgl. Merkelbach 1993). Erfahrungen mit früh frei schreibenden Kindern waren sehr positiv und ermutigten, diese Versuche auch in der Grundschule in einem doch sehr restriktiv verengten Schreibunterricht zu machen (u.a. Berichte über schreibende Kinder bei Brügelmann, Blumenstock 1986 und Gaber/Eberwein 1986).

Freies Schreiben sollte durch didaktische Hilfen angeregt und verbessert werden

Untersuchungen zeigen, dass schon im Vorschulalter Schreiben auf Anregungen aus der Umwelt beruht, und die Kinder ständig bestrebt sind, ihre eigenen Schreibversuche zu verbessern (Blumenstock 1986). Sie tun dies gern und mit großer Selbstkritik. Sie erkennen, dass das eigene Schreiben nach Form und Inhalt durchaus nicht perfekt ist. Sie bedürfen der Hilfe. Die Reformpädagogen hatten es versäumt, dem freien Aufsatz eine Didaktik zu unterlegen, die auch die konstruktive Verbesserung mit einschloss. Das freie Schreiben der letzten Jahre hat viele gute Ansätze entwickelt, wie man verbessern, unterstützen, Anleitung mit Freiheit verbinden kann, ohne die Schreibmotivation der Kinder zu zerstören.

Besonders im Erstunterricht ist die Anleitung zum Scheiben-Können wichtig. Es scheint sehr gewagt, die Einführung ins Schreiben völlig offen zu lassen, wie es beispielsweise Jürgen Reichen in seinem »Anti«-Lehrgang »Lesen durch Schreiben« versucht. Kinder müssen in verschiedenen Bereichen lernen, um gut schreiben zu können. Es bietet sich an, begleitend zu den frühen kleinen selbstständigen freien Schreibversuchen der Kinder das Schreiben auf- und auszubauen:

- im Bereich der Buchstaben-Laut-Beziehungen,
- im Form- und Bewegungsbereich,
- im Inhaltsbereich,
- im Bereich der Wort- und Satzstruktur.

Außerdem sind gezielte Anregungen zum freien Schreiben notwendig. Diese können auch mit einem Lehrgang verbunden sein. Eine Fibel kann wichtige Anstöße zum dialogischen, sachbezogenen, auch schon wertend-kritischen Schreiben geben (vgl. Blumenstock, G. und L.: Fimi-Fibel. Bühl, Konkordia 1998; vgl. auch Blumenstock, in Hegele 2000).

Die Kinder sollen die Vielfalt der Schreibanlässe nutzen

Diese Aussage gilt nicht nur für den Anfangsunterricht, sondern für die ganze Grundschule: Eine »schreibende« Klasse besteht aus Schülern, die gerne und häufig, bei allen sich bietenden Gelegenheiten zu schreiben gelernt haben:

- beim Malen von Anfang an,
- in spielerischen heiteren Formen, in einer Art »Sprachbasteleien«,
- in sachlichen Zusammenhängen, besonders im Zusammenhang mit dem Sachunterricht,
- in fantasievollen, bisweilen fantastischen Bezügen,
- im Zusammenhang mit vielfältiger Literatur,

unterstützt durch

- ein Klassenzimmer, das Gelegenheiten und Material zum Schreiben bereitstellt.
- Schreiben lebt von den Ideen, die unterstützend von der Lehrerin eingebracht, von den Kindern mutig ausprobiert, weiterentwickelt, verändert oder ausgestaltet werden.

Das vorliegende Buch soll dazu Anregungen geben.

Was findet der Leser in welchem Kapitel?

Kapitel 1: Einführendes Schreiben

Dieses Kapitel ist auf drei Felder bezogen, die für das Schreiben im Schulanfangsunterricht zentral wichtig sind:

Kapitel 1.1: Unterrichtsideen zum frühen Schreiben

Hier werden besonders Ideen zu einem freien und schülergeleiteten Schreiben im Vollsinn des Wortes beschrieben. Es ist eine Sammlung von Schreibanstößen, Schreibanlässen, Unterrichtssituationen und -materialien, die zum Teil aus Erfahrungen mit früh spontan schreibenden Kindern gewonnen wurden.

Kapitel 1.2: Schreiben lernen und Schreiben üben

Hier werden die Aspekte von Form und Motorik angesprochen. Wie kann man durch gezielte Übungen die Kinder in ihrer Schreibmotorik voranbringen und ihnen helfen, Formen genau zu erfassen und wiederzugeben. Der Leser findet einen Überblick

- über Übungen zur Einführung in die Druckschrift (1.2.1),
- zu Übungen, die die graphomotorischen Voraussetzungen bei den Kindern verbessern (1.2.2.),
- zu Übungen zur Einführung der Schreibschrift (1.2.3),
- zu einer Übersicht über Schriftarten für den Anfangsunterricht (1.2.4)
- und Ideen, wie und wo man Schrift in der Umwelt entdecken kann (1.2.5).

Kapitel 1.3: Buchstaben schreiben lernen – das ABC lernen

- Dieses Kapitel enthält fantasievolle und lebensbezogene Übungen zu Buchstaben und Alphabet (1.3.1). In einem zweiten Unterkapitel wird Gedichtmaterial zum Alphabet angeboten (1.3.2).

Kapitel 2: Weiterführendes Schreiben

Hier werden vier wichtige Bereiche des Schreibens angesprochen, nämlich der spielerische Umgang mit Sprache, das häufig vernachlässigte poetische Schreiben, das fantasievolle Schreiben von Geschichten und das sachliche Schreiben in Situationen des Alltags, die kindgerecht zubereitet sind.

Kapitel 2.1: Schreiben als Spiel mit Sprache

Dieses Kapitel ist zunächst nach Spracheinheiten gegliedert,
- Spiel mit Buchstaben, Lauten und Wortteilen (2.1.1),
- danach dann das Spielen mit Wörtern (2.1.2),
- mit Silben (2.1.3) und Textteilen (2.1.4),
- schließlich das Spiel mit der Bedeutung der Sprache (2.1.5).

Kapitel 2.2: Kinder dichten selbst

Die Kinder werden in verschiedenen poetischen Feldern zum handelnden Umgang mit der Sprache geführt, konkret angeleitet und motiviert, selbst »Dichter zu sein« (2.2.1). Eine kleine Sammlung geeigneter Lyrik soll das Material aufzeigen, das Kinder sich aneignen, an dem sie assoziierend oder verändernd tätig sein können.

Kapitel 2.3: Schreiben mit Fantasie, Geschichten erfinden

Hier findet man Ideen, wie man Kinder zu fantasievollem Schreiben anregt:
- durch Bildmaterial (2.3.1),
- mittels Einsatz von Bilderbüchern (2.3.2),
- durch bildliche und verbale Anregungen (2.3.3),
- durch sprachliche Anstöße (2.3.4),
- durch Gegenstände, die die Fantasie anregen (2.3.5),
- durch Filme (2.3.6),
- durch Musik (2.3.7)
- und durch fantasievolle Anregungen unterschiedlicher Art (2.3.8).

Kapitel 2.4: Sachbezogenes Schreiben

Die Kinder sollen in verschiedenen Bereichen schul- und lebensbezogen zur schriftlichen Darstellung von Sachverhalten geführt werden.
- Zunächst sollen die Kinder möglichst früh im ersten und zweiten Schuljahr an kleine sachliche Schreibaufgaben herangeführt werden (2.4.1).
- Besondere Vorlieben gelten dem systematisierenden Schreiben von Listen, Verzeichnissen ... (2.4.2).
- Sie lernen dann, schriftlich mit Informationen umzugehen (2.4.3).
- Ein breites Schreibfeld eröffnet der Sachunterricht (2.4.4).
- Die Freinet-Pädagogik liefert reichlich Ideen zum sachlichen Schreiben (2.4.5.).
- Sach-Bilderbücher regen an (2.4.6.).
- Kinder lernen, Wünsche, Meinungen zu äußern (2.4.7.).
- Abschließend werden methodische Wege zum sachlichen Schreiben gezeigt (2.4.8).

Das *Literaturverzeichnis* enthält nützliche Büchertipps für den Unterricht im Schreiben.

1. Einführendes Schreiben

1.1 Unterrichtsideen zum frühen Schreiben

1.1.1 Erste Schreibversuche

Parallel zum angeleiteten Schreibunterricht ergeben sich zahlreiche Anlässe, bei denen die Kinder ihre schulisch oder außerschulisch erworbenen frühen Schreibfähigkeiten erproben können. Auf Schreibform und -korrektheit kann in diesem frühen Stadium noch kaum geachtet werden. Beispiele sind:

Der eigene Name
Das Schreiben des eigenen Namens gehört zu den ersten Fähigkeiten in der Schriftsprache bei den meisten Kindern im Vorschulalter. So ist es wichtig, dass alle Kinder bald nach Schuleintritt ihren eigenen Namen schreiben. Ruth Gümbel weist auf diese Möglichkeit eines Einstieges in die Schriftsprache hin.

Da die Kinder aus der Vorschulzeit fast ausschließlich in Großantiqua schreiben, bietet sich diese Schreibweise an. Die Kinder können sehr schnell die Großantiqua-Buchstaben erlernen, da sie aus einfachsten Grundformen bestehen.

Die Kinder beschriften im Vorschulalter häufig ihre Spielsachen, gemalte Bilder, auch Briefchen, Geschenke … Sie drücken mit dem Namen Besitzanspruch, Autorenschaft, Könnensstolz aus. Diese Motivation gilt es in das Schreiben zum Schulanfang zu übertragen. So kann man mit seinem Namen Bücher, Hefte versehen, Malstifte beschriften, auch Bilder kennzeichnen. Schon die ersten Namensschilder können von den Kindern selbst geschrieben werden. Dies ist ein starker Anreiz für die Kinder, die ihr Können ausdrücken:
»Das bin ich – das kann ich.«

Abb. 1 Michael schreibt seinen Namen an eine Schultafel

Aus Büchern abschreiben

Oft fasziniert das Schreiben so stark, dass der Inhalt darüber in den Hintergrund gerät. Kinder schreiben daher bisweilen Inhalte ab, die aus der Erwachsenensicht wenig interessant, ja sogar langweilig erscheinen. Sie tun dies freiwillig, oft mit großer Begeisterung, zur Freizeitunterhaltung. So schreibt Johannes aus einem Lexikon ganze Reihen mit B-Wörtern ab.

Schrift in der Umwelt suchen

Kinder machen sich, mit Stift und Notizblock ausgestattet, in Gruppen, mit den Eltern oder allein auf die Suche nach Schrift, in Zeitungen und Zeitschriften, auf Verpackungen, in elektronischen Medien, an Geschäften, auf Schildern usw.

Sie schneiden die Schrift (die dann möglichst groß sein soll) aus. Noch besser ist es, wenn sie die Schrift mit dem Stift abzuschreiben oder zu kopieren versuchen. Diese Versuche geben wichtige Einsichten in das Wesen der Schrift, in die Trennung der Buchstaben und Wörter, in unterschiedlich geformte Buchstaben. Diese gesammelten Schriften werden in der Schule ausgewertet:

- Sammeln und ordnen nach Personen oder sachlichen Gesichtspunkten.
- Vergleichen auf Buchstaben hin: bekannt, formähnliche oder -verschiedene Buchstaben.
- Akustische Analysen mit den Wörtern.
- Leseversuche an einfachen Namen.
- Collagen mit Schrift.

Kleine Zettel regen zum Spontanschreiben an

Schon im Vorschulalter schreiben (und malen) Kinder gerne auf kleine, möglichst auch farbige Zettel. Diese Vorliebe kann im Erstunterricht dadurch angeregt werden, dass man in der Schreibecke (oder in anderer geeigneter Weise) verschiedenfarbige Zettel oder kleinformatige Schreibblöcke bereitlegt. Die Kinder bedienen sich gerne. Ein solcher Zettel hat auch den Vorteil, dass er schnell mit Schrift gefüllt ist. Manchmal wird er dann noch zu einem Minibrief gefaltet. Beispiel: Jutta malt die Fibelfiguren Tom und Evi auf und beschriftet sie. Malt sie dabei bewusst Evi (das Mädchen) groß und Tom klein?

Abb. 2: Jutta, 1. Schuljahr

Umschläge und Briefpapier, Kinderpost

Im Klassenzimmer stehen Utensilien einer Kinderpost: Kleine Umschläge, Briefpapier, Stempel. Die Kinder bedienen sich gerne und tauschen Briefchen aus.

Buchstabenwürfel beschriften

Die Sicherung der Buchstaben im Verlauf des ersten Lese- und Schreibunterrichts kann durch Buchstabenwürfel sehr motivierend erfolgen. Die Verwendung von Würfeln hat eine mehr als 300-jährige Tradition im deutschen Erstleseunterricht. Die Kinder sind über die Zeiten hinweg für dieses Arbeitsmaterial zu begeistern.

Da Kinder des ersten Schuljahres nicht die Würfel selbst herstellen und ohne Hilfe beschriften können, bedarf es der Vorarbeit:

- Entweder stellt man die Würfel aus Karton-Würfelnetzen her oder man nimmt gekaufte Holzwürfel. Dabei kann man sich Würfel jeder Größe auch im Baumarkt zurechtschneiden lassen. Die Oberflächen werden dann mit Buchstaben versehen.
- Ein Beginn mit Großantiqua erspart anfangs die Verwendung zweier Buchstabentypen. Man kann sich auf die Majuskeln beschränken.
- Die Lehrerin markiert auf den Oberflächen die Buchstaben vor. Die Kinder malen sie dann farbig mit geeigneten Farben aus.

Varianten: Buchstaben aus abziehbarer Folie aufkleben oder Buchstabenkärtchen aus Papier (evtl. aus Fibelzusatzmaterialien) ausschneiden und aufkleben. Die Verteilung der Buchstaben auf verschiedenen Würfeln. Damit man mit den Würfeln gut Wörter würfeln kann, empfiehlt sich eine Systematisierung der Buchstaben:

- Würfel 1: Selbstlaute;
- Würfel 2: Diphtonge und Umlaute;
- Würfel 3: Explosivlaute;
- Weitere Würfel: die restlichen Konsonanten.

So kann man die Abfolge von Konsonanten und Vokalen durch die Wahl der Würfel bestimmen. Dennoch ergibt natürlich nicht jede gewürfelte Buchstabenkombination ein sinnvolles Wort. Aber die Kinder können dann bewusst aus unsinnigen sinnvolle Wörter herstellen:

Beispiele:

- Aus dem gewürfelten Wort PATA etwa PAPA.
- Reine Buchstabenspiele mit den Würfeln, zum Beispiel: Großbuchstaben würfeln, Kleinbuchstaben aus Buchstabenkärtchen heraussuchen und zuordnen.

Magnetbuchstaben

Diese sind besonders leicht zu Demonstrationszwecken zu gebrauchen. Wörter entstehen durch die Lehrerin oder Kinder an einer Tafel, werden gelesen, verändert, abgeschrieben, zu Sätzen ausgebaut.

Die Schreibtafel

Die Schreibtafel hat in ihrer speziellen Gestalt als Schiefertafel eine lange Tradition. Sie wurde in der Vergangenheit des Schreibunterrichts sehr häufig für geistlose und demotivierende Schreibvorübungen benutzt. So kam sie in Misskredit.

Die Schreibtafel hat aber den Vorteil, dass das Geschriebene sofort wieder gelöscht werden kann. Dies kommt dem Kind, das sein Schreiben verbessern möchte, entgegen. Außerdem reizen Material und Farbe zum Benutzen.

In einem modernen Schreibunterricht stehen den Kindern Tafeln neben anderen Schreibmaterialien und Unterlagen zur Verfügung. Sie werden nicht verordnet. Die Kinder wählen sich die Tafeln, wenn sie Schreibübungen durchführen (die auch heute dringend notwendig sind). Beispiel: Kinder führen Schreibübungen auf einer Tafel durch.

Abb. 3: La Tevletta, 1984, S. 3

Stempeln

Wenn Stempel in einem Stempelkasten alphabetisch geordnet zur Verfügung stehen, wird das Schreiben für viele Kinder erleichtert, weil die graphomotorischen Schwierigkeiten wegfallen. Das Stempeln ist besonders für den Aufbau von Wörtern wichtig, weil Buchstabe für Buchstabe gewählt werden muss.

Schrift ausschneiden

Aus Zeitschriften, Zeitungen oder sonstigen Schriftvorlagen werden Buchstaben oder Wörter ausgeschnitten und gelegt. Dieses Material sollte im Klassenraum aufbewahrt werden.

Materielle Buchstaben

Holzbuchstaben, Legobuchstaben, Buchstaben aus verschiedenen anderen Materialien können in der ersten Schreibphase zum Aufbauen von Wörtern anregen. Sie sind dreidimensional, leicht zu handhaben und von der Form her einprägsamer als Schrift auf Papier oder gar Bildschirm. Solche »griffigen« Buchstaben sollten im Schulraum zur Verfügung stehen.

Wörter »erraten« (nach Lautdiktat)

Eine wichtige Maßnahme, um die Lautstruktur der Wörter (die bei lauttreuen Wörtern der Buchstabenstruktur entspricht) herauszustellen: Die Lehrerin gibt den Kindern eine Lautfolge an. Die Kinder sollen das Wort »erraten«; in Wirklichkeit lautieren sie das Wort auf und synthetisieren den Gesamtwortklang. Eine gute Hilfe ist das Aufschreiben der Buchstaben nach der Lautfolge.

> *Beispiel:* Lehrerin diktiert: A, s, t.
> Die Kinder schreiben das Wort auf und ermitteln die Bedeutung. Die Kinder können die Buchstaben nochmals lautieren.
> *Variante:* Die Kinder schreiben dann das Wort auswendig auf.

Kinder probieren beim Schreiben mit Buchstaben

Beim freien Schreiben verwenden viele Kinder am Anfang den bekannten Fibelwortschatz. Sie reproduzieren also. Aber einige Kinder gehen spontan weiter. Beispiel: Christoph dreht das Wort TOM um und schreibt es von hinten. So entsteht MOT. Mit Hilfe seiner älteren Schwester kommt er schließlich zu dem Wort MOTTE.

1.1.2 Fortgeschrittenes Schreiben im ersten Schuljahr

Anregungen persönlicher und familiärer Art

Wo ich wohne

Die Kinder malen ein Bild ihres Hauses oder einen anschaulichen »Plan« ihrer Wohngegend. Dazu muss natürlich der Name der Familie oder ihr Vorname kommen. Je nach Vermögen kann das Bild auch ausführlicher beschriftet werden. Beispiel: Michael malt sein Wohnhaus und schreibt den Familiennamen daran.

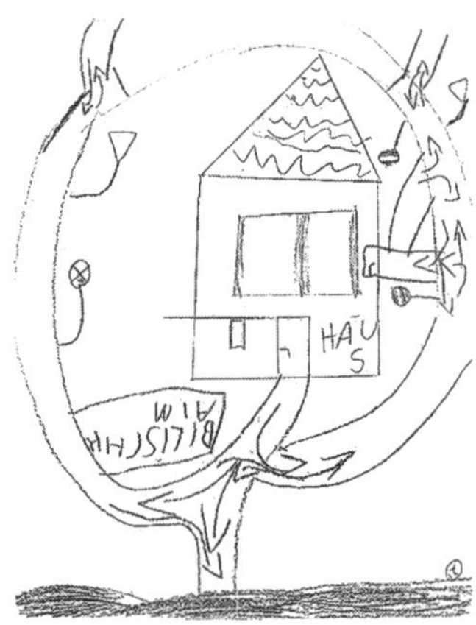

Abb. 4: Michael, 5 Jahre

Gratulation

Schreiben und Malen einer Karte zum Namenstag, Geburtstag, Muttertag. Beispiel: Michael schreibt und malt eine Fantasiekarte zum Namenstag.

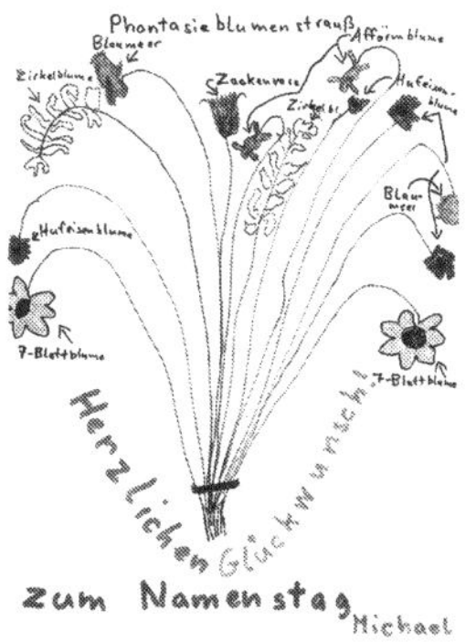

Abb. 5: Michael, 5 Jahre

Belastende Ereignisse

Ein Krankenhausaufenthalt: Das Erlebnis ist meist belastend und wird von Kindern durch Malen und Schreiben verarbeitet. Michael malt ein Krankenhausbild und beschriftet es.

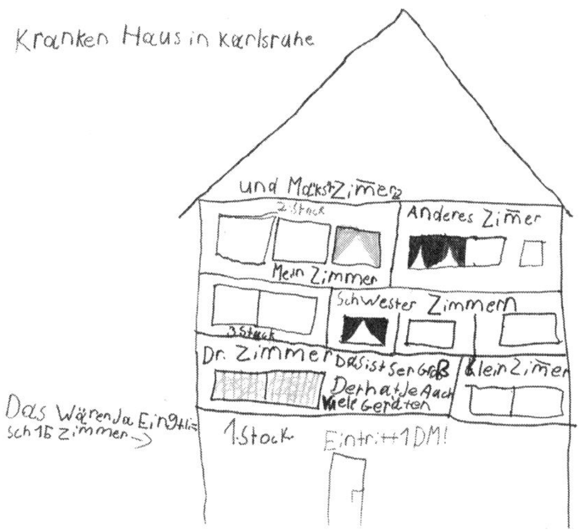

Abb. 6: Michael, 6 Jahre

Beschwerde, Streit: Stefanie, allerdings bereits im zweiten Schuljahr, malt zu Hause ein Comic über einen Streit mit ihrem Bruder: »Ein großer Streit«. Sie verarbeitet dabei das bedrückende Erlebnis des Unterlegenseins gegenüber ihrem älteren Bruder.

Solche Situationen können in der Schule aufgegriffen werden. Die bildnerische Darstellung in Verbindung mit Schreiben ist eine sehr kindgemäße Weise des Ausdrucks.

Ich saß auf meiner Schaukel

und da kam auch schon mein Bruder

Er sagte
Runter von meiner Schaukel

Wird's bald
Nein
das ist
meine
Schaukel

Ich zähle bis drei
und wenn du
dann nicht runter bist
dann kriegst du's

Aber ich will fortschaukeln

Ich aber auch

Aber ich zuerst

nein ich zuerst

Abb. 7: Stefanie M. 7 Jahre

Dank: Kinder finden Anlässe, sich für ein Geschenk zu bedanken. Sie wählen dabei oft eine bereits erstaunlich gute Form. So bedankt sich Andi bei Sandra für das ihm überlassene »Schulzeug«. Zugleich fordert er die Freundin auf, doch mal wieder zu schreiben.

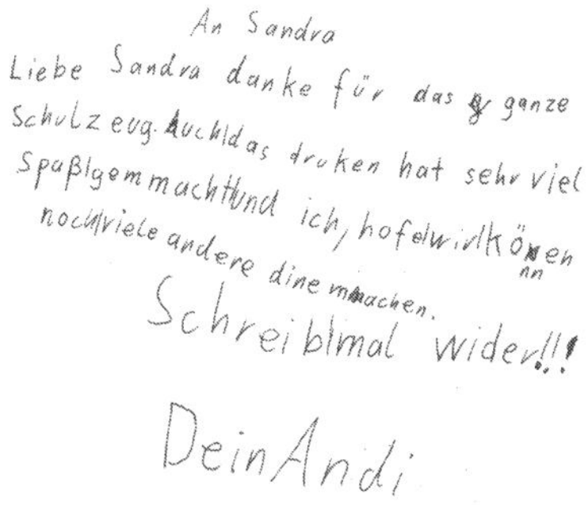

Abb. 8: Andi, 7 Jahre

Osterbild: Bärbel gestaltet mit den Buchstaben ihres Familiennamens IMO die Blumen einer bunten Osterwiese. Dieses Beispiel zeigt, wie fantasiereich Kinder Schrift gebrauchen, auch und besonders zur ästhetischen Gestaltung und durchaus nicht zur funktionsbezogenen, inhaltlichen Aussage.

Abb. 9: Bärbel, 5 Jahre

Muttertag: Verena schreibt ihrer Mutter einen Brief mit dem Versprechen, sich bessern zu wollen. Die phonetische Schreibweise zeigt, dass Inhalt und Form wirklich frei gestaltet sind.

Abb. 10: Verena, 6 Jahre

Ein Gedicht als Weihnachtsgeschenk: Michael hat für seine Mama ein Gedicht aufgeschrieben und dazu gemalt.

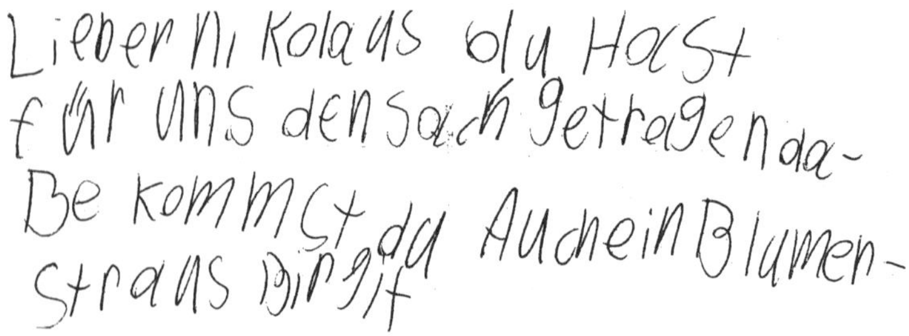
Lieber Nikolaus du Hast
für uns den sach getragen da-
Bekommst du Auch ein Blumen-
strauss Birgit

Abb. 11: Michael, 6 Jahre

Briefe: Patrick schreibt an Frank einen Brief (»Vom Patrick«). Darin schildert er »Klassenklatsch« (»Der Thomas ist ins Silke verliebt«).

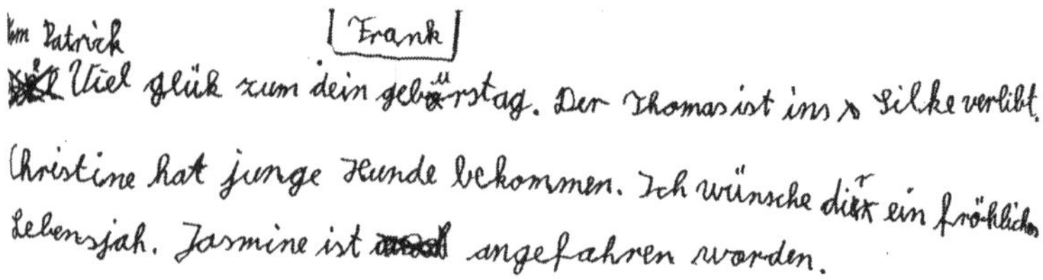
Vom Patrick [Frank]
Viel glük zum dein gebürstag. Der Thomas ist ins Silke verlibt
Christine hat junge Hunde bekommen. Ich wünsche dir ein fröhlich
Lebensjah. Jasmine ist angefahren worden.

Abb. 12: Patrick, 6 Jahre

Alltagsereignisse

Ein aufregendes Ereignis

Plötzlich auftretende Ereignisse, die die Kinder beschäftigen, sind gute Gelegenheiten zum Schreiben. Die Kinder drängen geradezu danach, sich dazu zu äußern. Thomas schreibt über einen Flugzeugabsturz.

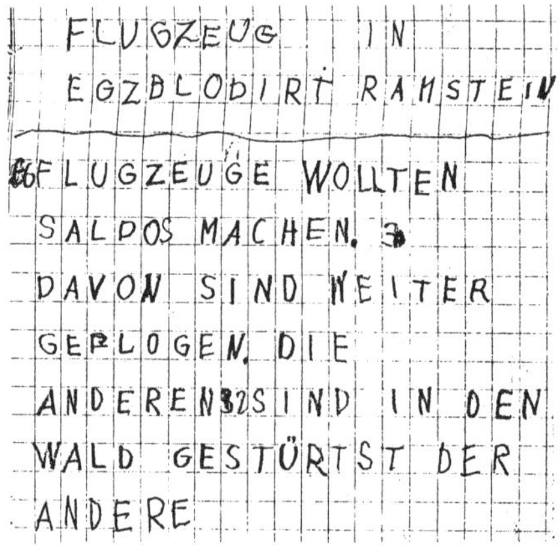
FLUGZEUG IN
EGZBLODIRT RAMSTEIN
FLUGZEUGE WOLLTEN
SALDOS MACHEN.
DAVON SIND WEITER
GEFLOGEN. DIE
ANDEREN SIND IN DEN
WALD GESTÜRTST DER
ANDERE

Abb. 13: Thomas M., 7 Jahre

Spiele und Fantasie

Wünsche

Kinder haben immer irgendwelche kleinen oder größeren Wünsche. Sören verbindet die Liebe zu seinen Eltern (Ute und Klaus) sehr pragmatisch mit dem Wunsch, jeden Morgen sein Müsli zu bekommen. Dieser Wunsch erhöht vermutlich noch die Liebe zu seinen Eltern.

LIBE UTE ICH HBDI ICHLIB UND DN KLAUS HBICH LIB ICH
WÜNSCH OIC FILGLÜG UND FIL SPAS UNT ICH HPOICH LIP ICH
MÖICH DE IMER ANIEDE N MORKEN MÜSLI

Abb. 14: Sören B., 6 Jahre

Witze

Das Schreiben beginnt beim Abschreiben: Witze werden von Kalenderblättern oder aus Witzbüchlein abgeschrieben. Dann kommen Kinder erst dazu, an das Verfassen eigener Witze zu denken.

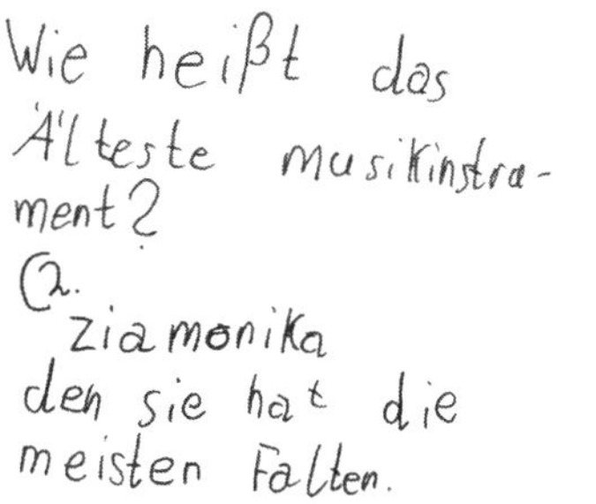

Abb. 15: Michael, 6 Jahre

Sören wächst zweisprachig (deutsch-französisch) auf. Er schreibt auswendig in phonetischer, deutscher Schreibweise Teile eines französischen Gedichts auf.

ec des joults
du ciel av –
Noel, quand
Petit papa
par milliers n'oublie pas
mon p'tit soulier

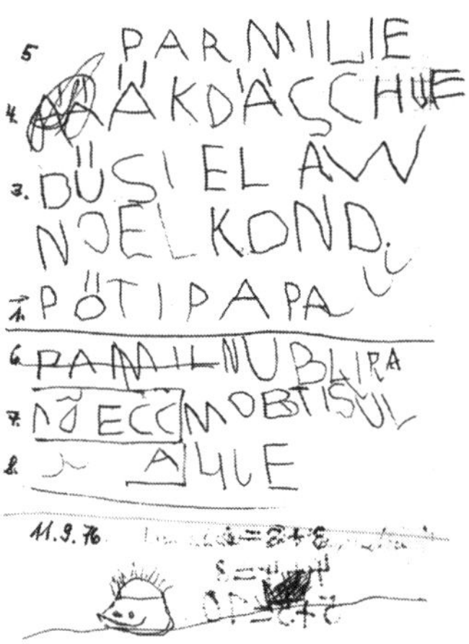

Abb. 16: Sören K.S., 6 Jahre

Spielen

Michael spielt gerne Restaurant: Er ist dann der Ober, der eine Speisekarte vorlegt und die Gäste bedient. So muss er eine Speisekarte schreiben, die sehr originell ausfällt. Solche Spielszenen lassen sich auch im Erstunterricht gut realisieren: Die Kinder bereiten eine Restaurant-Szene aus der Erinnerung vor, z.B. »beim Italiener«. Dazu müssen Speisekarten geschrieben werden, Spielzeuggeschirr wird gerichtet. Die Kinder übernehmen verschiedene Rollen, Bedienung, Gäste. Sie üben die Szenen und lesen die Speisekarten.

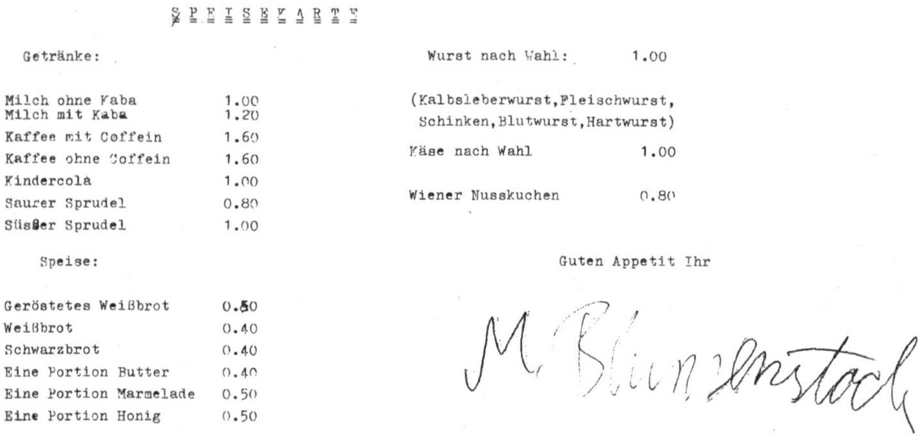

SPEISEKARTE

Getränke:

Milch ohne Kaba	1.00
Milch mit Kaba	1.20
Kaffee mit Coffein	1.60
Kaffee ohne Coffein	1.60
Kindercola	1.00
Saurer Sprudel	0.80
Süßer Sprudel	1.00

Speise:

Geröstetes Weißbrot	0.50
Weißbrot	0.40
Schwarzbrot	0.40
Eine Portion Butter	0.40
Eine Portion Marmelade	0.50
Eine Portion Honig	0.50
Wurst nach Wahl:	1.00
(Kalbsleberwurst, Fleischwurst, Schinken, Blutwurst, Hartwurst)	
Käse nach Wahl	1.00
Wiener Nusskuchen	0.80

Guten Appetit Ihr

M. Blumenstock

Abb. 17: Michael, 6 Jahre

Schreiben »Wie die alten Ägypter«

Wenn Kinder zwar einige leichte Wörter zu schreiben in der Lage sind, der Buchstabenbestand und die Analysefähigkeit aber noch nicht für schwierigere Wörter ausreichen, kann man unter die Wörter auch Bildzeichen mischen lassen. Gegenstände oder Tätigkeiten werden dann bildlich-symbolhaft umgesetzt, beispielsweise die Tätigkeit »Sehen« mit einem »Auge« dargestellt.

Die Wiener Didaktikerin Johanna Juno berichtet über solche Versuche, die den Einfallsreichtum der Kinder anregen können.

Abb. 18: Schreibbeispiele mit Wörtern und Piktogrammen. Aus: Juno 1995, S. 18f.

Fantasiegeschichten

Kinder erfinden gerne Geschichten. Sie tun dies freiwillig. Andreas hat offenbar von älteren Geschwistern gehört, dass man solche Geschichten als »Aufsatz« bezeichnet. So schreibt er auch einen solchen auf, von einem Hund Bello, der durch eine Maske wie ein Wolf aussah und Leute erschreckte.

Abb. 19: Andreas R., unveröffentl. Schreibbeispiel

In der ersten Klasse kann das Schreiben von Fantasiegeschichten durch das Anlegen eines Geschichtenbuches unterstützt werden. Die Kinder dürfen hier ihre Geschichten eintragen. Diese werden dann vorgelesen. Eine Verpflichtung besteht natürlich nicht. Der Anreiz liegt im Stolz auf das eigene Können und auf den Vortrag einer eigenen Geschichte vor der Klasse.

Silvesterscherz

Die Kinder produzieren gerne Einfälle, wie sie andere necken können. Stefanie plant zu Silvester etwas mit einer ausgestopften Maus und Mücken. Damit will sie offenbar Tante Margret, die sich vor diesen Tieren ekelt, ein bisschen ärgern. Gemäß dem noch geringen Schreibvermögen wird das Vorhaben im Wesentlichen gemalt und nur mit Einzelwörtern versehen. Auffällig ist das Überwechseln von Großantiqua-Druckschrift zur Schreibschrift.

Abb. 20: Stefanie M., 7 Jahre

Sachen und Technik

Aufschreiben, was man alles weiß

Pilze sammeln: Kinder schreiben gern und voll Stolz auf, was sie in einer Sache alles wissen.
Michael benutzt ein Pilzesammel-Erlebnis, um sein Wissen zu Papier zu bringen. Dies kann natürlich auch bei anderen Gelegenheiten, im Anschluss an schulischen Sachunterricht, beispielsweise auf Tiere, Pflanzen (Bäume, die man kennt) übertragen werden.

Abb. 21: Michael, 5 Jahre

Autokennzeichen: Autokennzeichen lassen sich gut lesen und schreiben. Kinder lesen Autokennzeichen und finden heraus, wo die Autos herkommen. Oft ergeben sich aber auch lustige Wörter oder Unsinnwörter:
KA-TZ, MA-UL, S-AU …
Manche Kinder legen sich ein Autokennzeichen-Heftchen an und notieren darin die Kennzeichen, die ihnen bekannt sind. Johannes schreibt einige Autokennzeichen aus seiner Bekanntschaft auf.
Analog dazu lassen sich natürlich auch Adressbücher, Postleitzahlenbücher usw. anlegen.
Schrift abpausen: Kinder kommen auch durch Imitieren und Kopieren zum Schreiben. Johannes benutzt einen Bildstempel und paust Schrift mittels Blaupause auf eine Unterlage:
Sachwissen: Kinder interessieren sich oft früh für bestimmte Sachverhalte aus der Natur, der Technik usw.
Johannes malt und schreibt zu verschiedenen Fahrzeugen, die er kennt (Polizeiauto, Rennwagen, Baukran …). Erläuternd vermerkt er dazu: »mit Licht«, »ohne Kabel«.

Abb. 22: Johannes M., 7 Jahre

Schreiben mit Maschine oder Computer: Die Schreibmaschine erfüllt auch heute noch ihren Zweck im Erstschreiben, weil sie einfacher als ein Computer zu bedienen ist und die Kinder in den Gebrauch der Tastatur einführen kann. Die Kinder können probierend schreiben, Buchstaben, Wörter, kleine Texte zu Papier bringen. Der Computer hat den Vorteil, dass Schrift auf dem Bildschirm virtuell entsteht und probierend und korrigierend verändert werden kann. Der Computer erscheint auch für den Schreiberstunterricht unerlässlich. Beispiel: Johannes gratuliert seiner Mutter zum Geburtstag.

Schulische Anregungen

Stempel ausprobieren

Die Stempel oder Verbundstempel verschiedener Firmen stellen einen hohen Schreibanreiz für Kinder dar. Sie entlasten zugleich von schreibmotorischen Schwierigkeiten des Schulanfangs. Die Kinder können frei stempeln, was sie können. Manche kommen erst zu einfachsten Formen des Schreibens, erst zu ein paar Buchstaben oder kleinen Wörtern. Andere Kinder schreiben bereits kleine Texte, wie etwa Verena an ihre Mutter Gine.

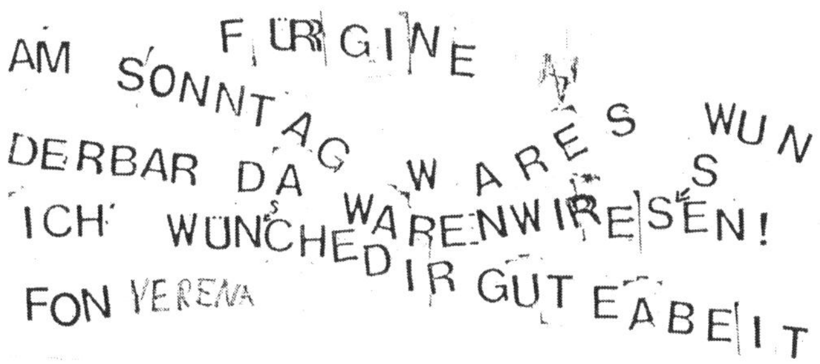

Abb. 23: Verena, 6 Jahre

Kinder schreiben über ihr Spezialwissen

Schon früh entwickeln manche Kinder spezielle Interessen und auch spezielles Wissen, häufig über Tiere. Peter hat ein ausgefallenes Hobby, die Haie. So schreibt und malt er für seine Lehrerin einen Brief, in dem er eine »Fischüberraschung« ankündigt. Der Inhalt: Ein beschriftetes Bild des »kleingetigerten Katzenhais«, versehen mit einem durchbohrten Herzen, wohl für die Lehrerin!

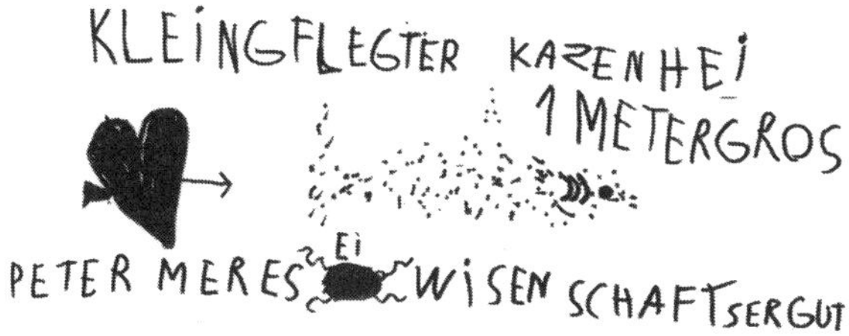

Abb. 24: Peter, 6 Jahre

Erste Notizen

Die Kinder sollen so früh wie möglich den praktischen Zweck des Schreibens erfahren. So kann Geschriebenes das Gedächtnis unterstützen. Beispiel: Es soll notiert werden, dass morgen um 9.00 Uhr Sportunterricht stattfindet. Die Kinder sollen ihre Sportkleidung mitbringen. Dieser Anlass kann zum Nachdenken darüber anregen, wie man das nun (mit den dürftigen eigenen Schreibfähigkeiten) notieren könnte. Die Kinder entwickeln eigene Vorschläge, die sich nach Schreibfähigkeiten unterscheiden. So können »Schreibkinder« die Notiz bereits ganz in Schrift anfertigen. Die anderen Kinder verbinden Malen und Schreiben: Turnhose und Sportschuhe werden aufgemalt (auf die Notiztafel oder den Notizblock). Dazu wird geschrieben Morgen 9 Uhr.

Noch einfacher ist es, statt Morgen nur ein M zu schreiben und eine Uhr dazu malen. Vielleicht müssen die Kinder auch wegen ihrer mangelnden Kenntnis der Uhr das »um 9 Uhr« auswendig lernen.

Die Pinnwand im Klassenzimmer

Im Laufe des ersten Schuljahres empfiehlt es sich, eine Pinnwand im Klassenzimmer an günstiger Stelle einzurichten, die von Kindern und der Lehrerin nach festgelegten Regeln benutzt werden kann. Die Aushänge sollen überwiegend schriftlicher Art sein. Damit wird das Schreiben angeregt. Die Pinnwand kann verschiedenen Zwecken dienen, die von Zeit zu Zeit wechseln können.

- *Daueraufgaben:* Aktuelle Ereignisse vermerken (z.B. Sonnenfinsternis am 11. August, Schulzahnarzt ...);
- *Erinnerungen:* Morgen um 10.00 Sport; am nächsten Dienstag Schulausflug ...;
- *wechselnde Aufgaben:* Der Witz des Tages wird jeweils ausgehängt. Besonders interessante Beobachtungen werden notiert (z.B. ein Igel wurde im Garten gesehen).

Diese Aufgaben reichen in die folgenden Schuljahre hinein.

Briefeschreiben im Klassenzimmer

Hans Brügelmann empfiehlt, das spontane Briefeschreiben didaktisch zu »kanalisieren« und zu einem regelrechten Briefverkehr auszuweiten. Die Kinder schreiben sich kleine Briefchen, sie stellen Fragen und erhalten dann Antwort. Ein »Postbote« trägt die Briefchen hin und her. Dabei ist die Notwendigkeit, auf dem Briefchen den Namen des Adressaten genau anzugeben, damit der Postbote weiß, wem er den Brief aushändigen soll.

Abb. 25: Beispiel aus dem Erstunterricht

Variante: Einrichtung eines Briefkastens im Klassenzimmer. Auch die Lehrerin kann sich in den Briefverkehr einschalten. Dieses Briefeschreiben bleibt natürlich nicht auf den Anfangsunterricht begrenzt. Im Sinne Freinets spielt der briefliche Gedankenaustausch mit Nachbarklassen und Partnerklassen (im In- und Ausland) eine wichtige erzieherische Rolle.

Schreiben aller Art führt zu freiem Ausdruck

Lasst Kinder schreiben, wie sie es mögen. Auch scheinbar »geistloses« Abschreiben führt plötzlich zu freiem Gedankenausdruck.

Bilderbücher als Schreibanlass

Durch Bilderbücher werden die Kinder gedanklich angeregt, sich malend und schreibend mit Geschichten auseinander zu setzen.

Beispiel: Albin hat nie Angst. Das Bilderbuch enthält fantastische Geschichten eines Jungen, der auch vor den schlimmsten Gestalten keine Angst hat, aber vor der großen Schwester seines Freundes davonläuft. Die Geschehnisse reizen die Kinder zum eigenen Fantasieren.

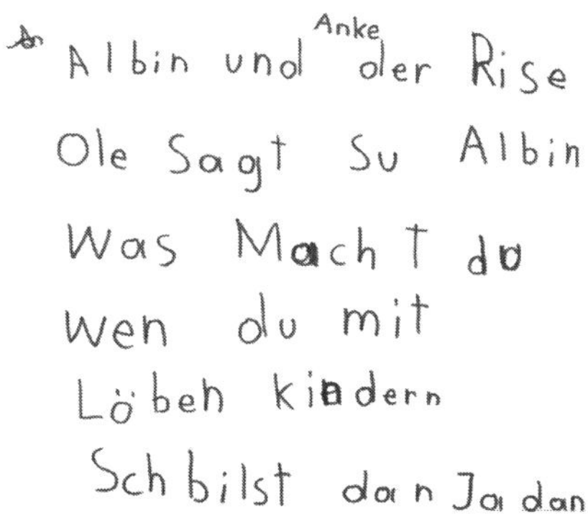

Abb. 26: und 27: Schreibbeispiele, 1. Klasse

Schreiben nach gemeinsamen Erlebnissen

Spielplatz

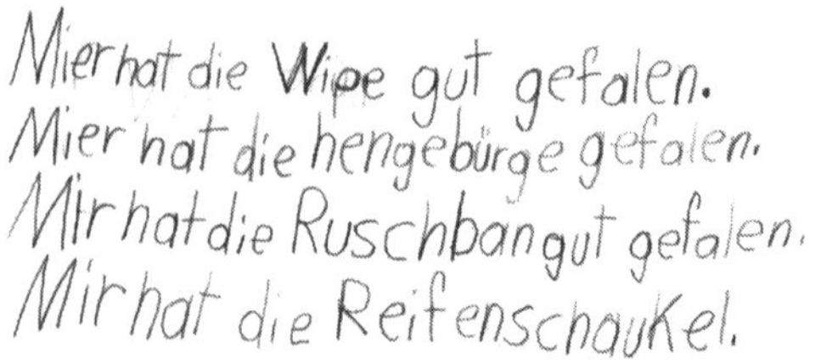

Abb. 28: Schreibbeispiel, 1. Klasse

Zoobesuch. Da es in Landau/Pfalz einen städtischen Zoo mit Zooschule gibt, ist ein Zoobesuch für die Grundschüler eigentlich selbstverständlich. Der Schreibversuch erfolgt nach etwa acht Monaten Unterricht. Für die Kinder ist es eine große Leistung, dass sie fast alle grammatikalisch korrekten Sätze zum Erlebten zu Papier bringen. Sie orientieren sich dabei am mündlichen Gespräch. Die etwas stereotypen Satzanfänge »Ich war …«, »Ich habe …« bleiben zu Recht unkorrigiert. Die Kinder sind noch sehr mit den komplexen Anforderungen des Aufschreibens und des korrekten Konstruierens eines kompletten Aussagesatzes beschäftigt, als dass sie sich der Aufgabe der abwechslungsreichen Textfügung stellen könnten. Beispiel: Christian schreibt in der gut beherrschten Druckschrift grammatikalisch bereits differenziert.

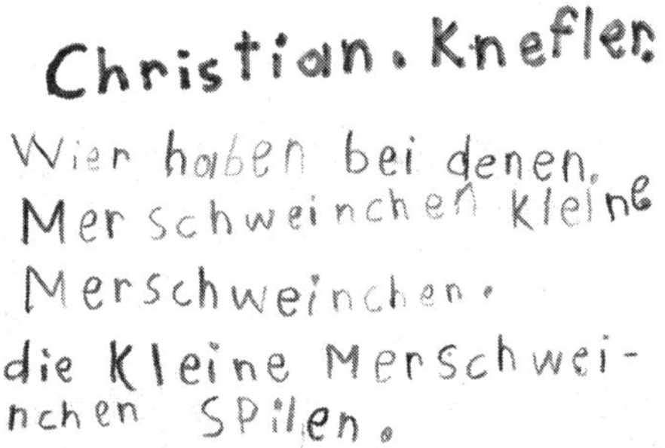

Abb. 29: Schreibbeispiel, 1. Klasse

Erlebnisse in der Natur: Am Froschteich. Die erste Klasse hat einen Besuch am Froschteich gemacht. Die Kinder beobachten interessiert die Kaulquappen. In der Schule malen und schreiben sie dazu. Die Schreibleistungen sind erwartungsgemäß sehr unterschiedlich.

Abb. 30: Karin K., 1. Klasse

1.2 Schreiben lernen und Schreiben üben (Form und Graphomotorik)

1.2.1 Übungen zur Einführung der unverbundenen Schrift (Druckschrift)

Richtformen und Vorschläge für Bewegungsabläufe

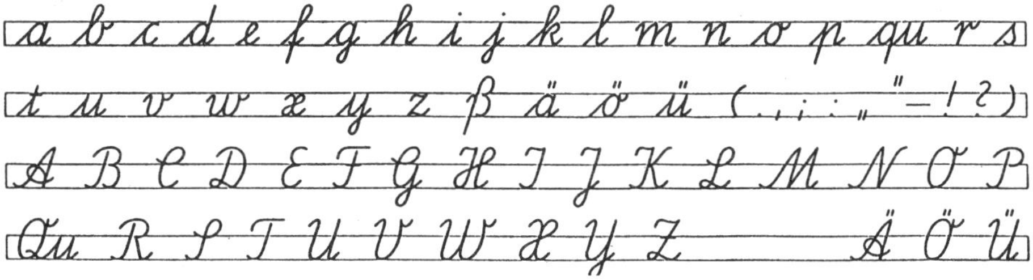

Lateinische Ausgangsschrift (seit 1953)

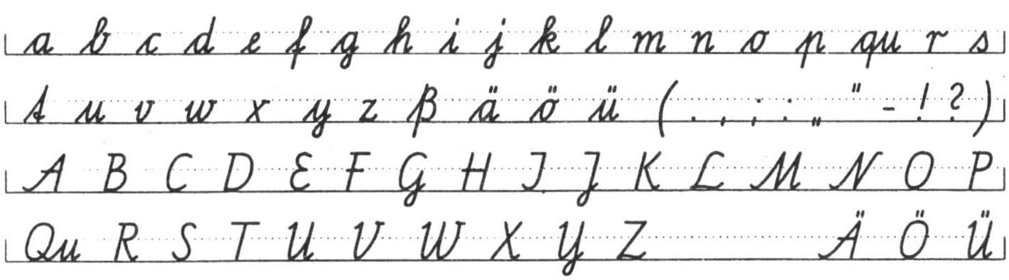

Schulausgangsschrift (seit 1968 – neue Bundesländer)

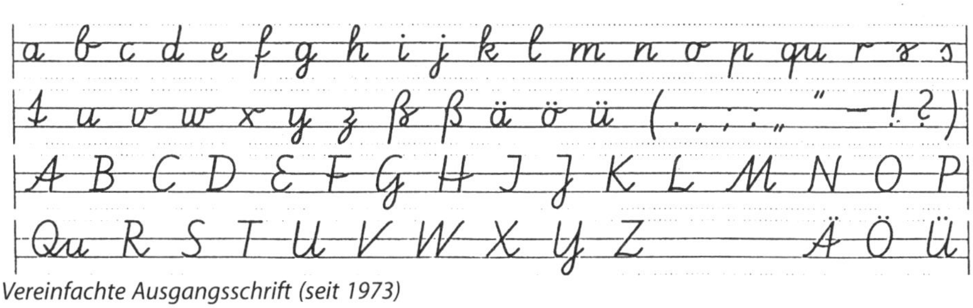

Vereinfachte Ausgangsschrift (seit 1973)

Abb. 31: Drei Versionen des Schreibschriftlehrganges. Aus: L. Blumenstock, Mitmachfibel Konkordia Verlag, Bühl 1991

Vorübungen für die Druckschrift anhand der einfachen Formelemente

- Senkrechte Striche;
- Schrägstriche nach links beziehungsweise rechts unten;
- Winkelzüge;
- Bögen in Girlandenform;
- Bögen in Arkadenform;
- Achterformen (Linienüberschneidungen);
- Schlangenlinien liegend und stehend (Drehrichtungswechsel beim Schreiben);
- Oval- und Kreisformen.

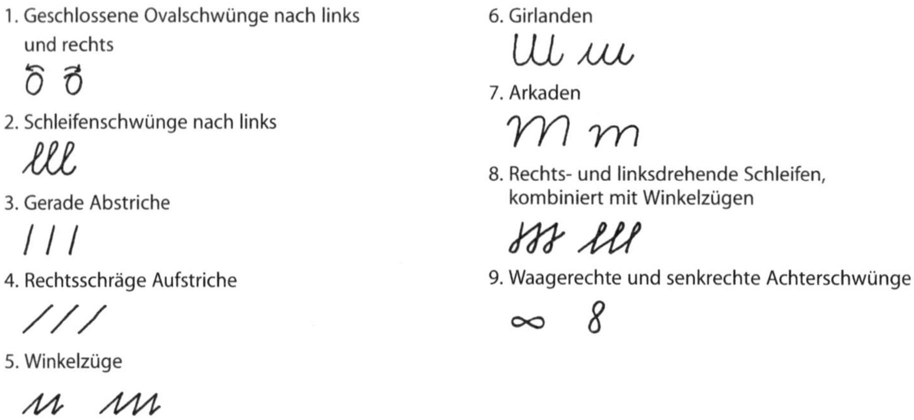

Abb. 32: Grundlegende Formelemente der Schreibschrift

Alltagsformen

Der Reformpädagoge und Schreibdidaktiker Hans Brückl schlägt vor, die Druckschrift aus einfachen Grundformen heraus zu entwickeln, die die Kinder im Leben entdecken können. Er entnimmt daher einige Formen dem Alltagsleben bayerischer Landkinder der 20er-Jahre, die Girlanden- und Arkadenformen aus Spazierstöcken, die runden Formen aus dem Reifen, unbeschädigt und zerbrochen.

Abb. 33: Aus: Brückl 1941, S. 5

Abb. 34: Aus: Brückl 1941, S. 6

Damals begegneten die Kinder noch Nattern in der Natur. Daher wurde die Form der Schlange Vorbild für die S-Schreibform. Das H wurde von der Turnstange her gewonnen.

Abb. 35: Aus: Brückl 1941, S. 7

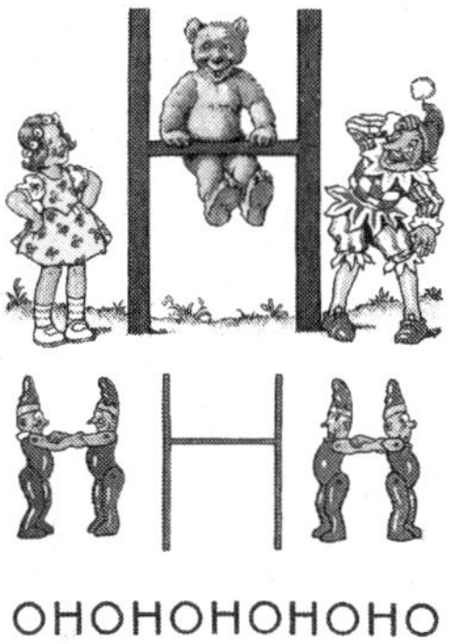

Abb. 36: Aus: Brückl 1941, S. 8

Mit einiger Fantasie lassen sich auch heute Alltagsformen finden, die Formähnlichkeiten mit Druckschriftformen besitzen. Im Folgenden einige Beispiele zur Anregung:

Ovale und runde Formen

- Bullaugen eines Schiffs;
- Bälle;
- Brille;
- Clownköpfe mit runden Augen und Tränen;
- Rundbögen bei Tür und Fenster.

Senkrechte Linien:

- Grashalme;
- Stämme von Bäumen;
- Masten beim Schiff.

Waagerechte und parallele Linien:

- Grillrost;
- Autofahrbahnen.

Schwierige Linienführungen (Drehrichtungswechsel):

- Schlangenlinien;
- Wellenlinien;
- Kurven bei der Autobahn, Rennstrecke.

Überkreuzte Linien:

- Zaun;
- Schlingen;
- Brezel;
- Warnkreuz bei der Bahn (Andreaskreuz);
- Gitter im Zoo, Gefängnis.

1.2.2 Übungen zum Erwerb und zur Verbesserung der graphomotorischen Schreibvoraussetzungen

Kinder mit graphomotorischen Schwierigkeiten müssen durch gut aufgebaute Übungen auf das Schreiben vorbereitet werden. Die Übungen erfolgen spielerisch und sind am Malen orientiert. Die Übungen sind an konkreten Gegenständen des Alltags orientiert und daher motivierend. Die unter »Alltagsformen« dargelegten Übungen können daher auch für schreibschwache Kinder auf dem entsprechenden Leistungsniveau verwendet werden. Eine durchdachte und am Kind orientierte Steigerung der Schwierigkeiten ist erforderlich. Am Anfang sollen die Übungen ganz einfach sein. Die Übungen erfolgen anfangs großräumig, nehmen dann in der Größe ab. Das Schreib-(Mal-)Gerät sollte einen stärkeren Schreibdruck aushalten.

Allgemeine Übungen zu Förderung der Handgeschicklichkeit

Für schreibmotorisch retardierte Kinder kann es empfehlenswert sein, allgemeine Übungen zur Förderung der Handgeschicklichkeit vorzunehmen, wie sie von Didaktikern der so genannten »Bewegungsdidaktik« empfohlen werden:
Kneten, Reißen, Malen, Falten …

Abb. 37: Aus: Lämmel/Frede/Gramm o.J., S. 20f.

Relativ freies Malschreiben

- Durcheinander geratene Wollknäuel;
- Stecknadeln sind auf den Boden gefallen;
- Dampf kommt aus Töpfen.

Striche:
- Regen fällt auf Schirme;
- Igel erhält Stacheln;
- Boden mit Grashalmen versehen;
- Schnurrbarthaare bei der Katze;
- Gräten beim Fisch;
- Blattrippen ergänzen;
- Kaktusstacheln einmalen.

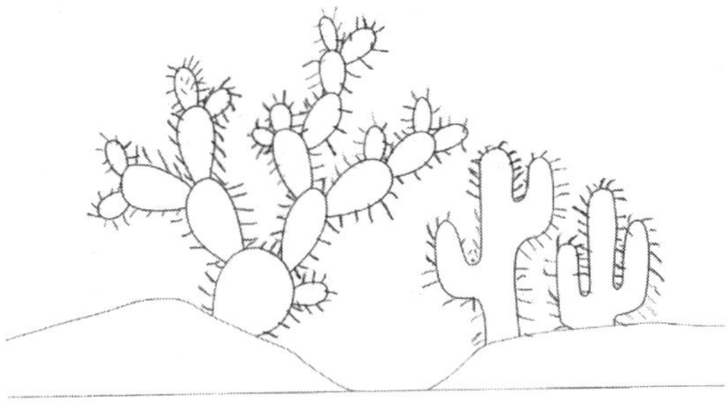

Abb. 38: Aus: Mrazck, J.: Das Marburger Graphomotorische Programm.

Parallele Striche:
- Stufen bei der Leiter;
- Schwellen bei Bahngleisen.

Hin- und Herbewegungen:
- Schwingen auf der Schaukel;
- Bälle hin- und herwerfen;
- Hase rennt in Zickzacklinien.

Sich überschneidende Linien:
- Maschen eines Netzes;
- Rauch kommt aus Schornsteinen;
- Scherengatter ausmalen.

Runde Formen:
- Bälle;
- Seifenblasen.

Schwierige Bewegungen
- Wellenlinien;
- Schneckenhäuser;
- Brezeln;
- Achterbahn.

Umfangreichere, komplexere Aufgaben

- Dächer mit Ziegeln versehen (Girlanden);
- Kleider mit Zickzackmuster ausschmücken; (oder mit anderen Mustern: Kreise, Wellenlinien, Dreiecke, verschiedene Formen);
- Ein Spinnennetz ausmalen (parallele Linien, gerade, mit Ecke);
- Mäuse durch Gänge laufen lassen, Labyrinthübungen (sichere Strichführung).

Zielmalen:

- Bälle einander zuwerfen;
- Skifahrer fahren auf ein Ziel gerade zu, wenden und fahren gerade zurück.

In begrenzte Räume malen:

- Durch Punkte vormarkierte Figuren exakt fertig malen;
- Arkaden, Girlanden, Wellenlinien genau zwischen zwei parallele Linien malen (Vorübungen zum raumbegrenzten Schreiben).

1.2.3 Übungen zur Einführung der verbundenen Schrift (Schreibschrift)

Lehrgangsaufbau nach Formgruppen

Die Buchstaben der verschiedenen Schreibschriften ähneln sich hinsichtlich bestimmter gemeinsamer Formelemente. Um den Kindern das Schreiben zu erleichtern, kann der Lehrgang danach aufgebaut und darüber hinaus nach Schwierigkeit der Formelemente gesteigert werden.

Lehrgangsaufbau bei der lateinischen Ausgangsschrift nach Formgruppen bei Kleinbuchstaben (Beispiele)

Schräger Aufstrich mit nachfolgendem Deckstrich

Arkade

Schleife

Das Häkchen

Wellenlinien waagerecht

Komplexe Drehrichtungswechsel

Alltagssituationen zur Motivation bei Schreibbewegung vorgeben

Abb. 39: Am Skilift. Aus: Löscher/Schweda, Schreiben lernen 1977, S. 39

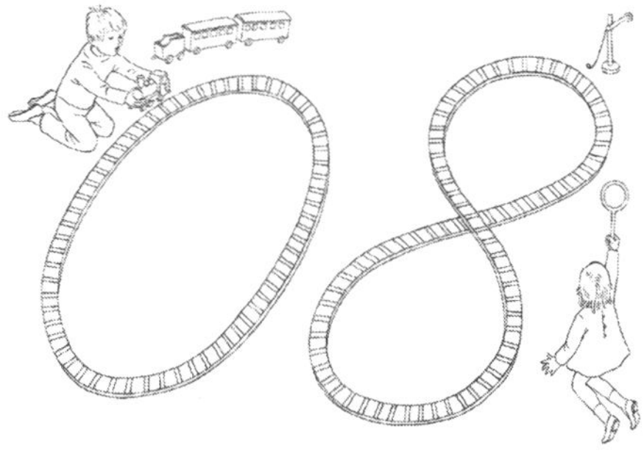

Abb. 40: Autorennbahnen verschiedener Form: Oval und Achterbahn. Aus: Velthaus 1968, S. 5

Luftschreiben

Die Schreibbewegungen können großräumig in der Luft vor- und nachgeschrieben werden. Die Lehrerin »schwingt« den Buchstaben vor, die Kinder schwingen nach. Dann versuchen sie, den Buchstaben kleinformatig umzusetzen.

Variation: Buchstabe wird mit dem Finger auf den Tisch (Boden) »geschrieben«.

Großformatiges Schreiben

Wandtafeln, große Pappflächen, Tapetenreste … ergeben geeignete Schreibunterlagen für großformatige Schreibübungen.

1.2.4 Schrift entdecken und selbstständig gestalten

Allgemeine Übungen zur Formerfassung

Das Malen im Anfangsunterricht ist eine gute Gelegenheit, die Formerfassungsfähigkeit der Kinder zu überprüfen und zu verbessern. Die Kinder malen Formen des Alltags auf beziehungsweise nach und achten darauf, dass die Gegenstände formtreu und gut proportioniert sind. Einige Beispiele:

Im Garten

Beim Metzger

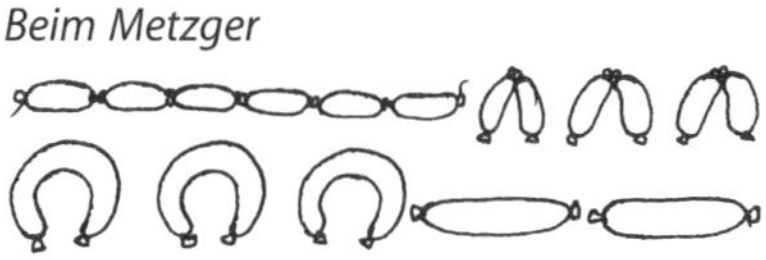

Beim Bäcker

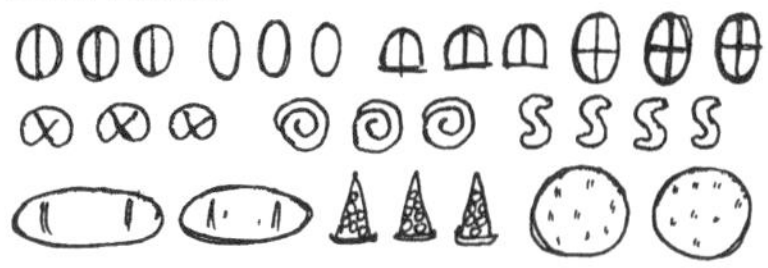

Abb. 41: Apfel, Brot, Brezel, Zaun.
(Gegenstände nach A. Birkel: Schriftpflege, S. 24–26)

Schrift herausfinden

Die Kinder entdecken den Unterschied zwischen »Gekritzel« und richtiger Schrift. Dazu dienen Vorlagen, die Wörter, Buchstaben und sinnloses Gekritzel enthalten. Die Kinder vergleichen und entdecken ansatzweise die gemeinsamen Merkmale von Schrift:

- Immer wiederkehrende gleiche Buchstaben;
- Buchstaben entsprechen einem Lautwert (hierzu die Laut-Buchstaben-Kenntnisse einzelner Kinder verwenden);
- Geschriebenes kann vorgelesen werden und besitzt eine Bedeutung; Gekritzel kann man nicht lesen.

Bekannte Buchstaben in der Fibel finden

Im Anfangsunterricht kann auch die Fibel als Arbeitsmaterial zum Entdecken benutzt werden. Die Kinder schauen die Fibelseiten nach ihnen bekannten Buchstaben durch. Wenn das Fibelmaterial zum Selbstmachen geeignet ist (unterstreichen und ausmalen), können die Buchstaben in der Fibel hervorgehoben werden. *Beispiel:* T, O, S in Wörtern hervorheben (Toni usw.)

Abb. 42: Aus: Blumenstock, L.: Mitmachfibel. Konkordia Verlag, Bühl 1992

Buchstaben-Assoziationen

Hans Brügelmann empfiehlt, Buchstaben mit Gedächtnisstützen zu verbinden, die die Einprägung erleichtern. Dieser Gedanke geht im Prinzip auf Comenius und seinen Orbis pictus zurück:

- Bekannt ist die Schlangenform und das Zischen der Schlange beim S.
- Das O erinnert an die Mundöffnung beim Sprechen des O.
- Das B lässt sich leicht als zwei »Bälle« interpretieren.
- Z erinnert an »Zickzacklinie«.
- Das V wird schnell zum offenen Schnabel eines Vogels.
- Aus dem A kann mit Fantasie ein Affe gemalt werden.

Bekannt sind die Laut-Gebärden: Dabei können durch Finger- und Handbewegungen die Buchstabenformen nachgebildet werden:

Schreib-Imitationen

Das Imitieren von Schrift aus unterschiedlichen Vorlagen ist ein wichtiger Einstieg in das Schreiben. Allerdings muss das Imitieren vom Kind selbst gewollt sein. So schreibt es Erwachsenenvorbilder nach (z.B. die Erinnerungshilfe der Lehrerin von der Wandtafel ins Heft: Morgen Turnschuhe mitbringen). Auch das Schreiben anderer Kinder kann zum Nachschreiben anregen. Vorgeschriebenes wird manchmal farbig nachgefahren. Auch alte Fibeln regen zum Nachschreiben an. So entdeckt manches Kind auch zu Hause allein die Schrift.

Kinder auf Buchstaben neugierig machen

Kinder entdecken Schrift in der Umwelt. Sie schreiben »Lieblingswörter« nach, übernehmen Schrift, indem sie sie einfach abschreiben oder kopieren. Danach werden Wörter miteinander verglichen und entschlüsselt: Ball, Baum, Schule ... Das heißt »Schule«, meint Tina. Woher weißt du das? Nun geht es auf die Suche nach unterscheidenden Merkmalen. Manchmal wird auf die Länge eines Wortes verwiesen. Bei Schule ist es vielleicht ein Buchstabenmerkmal, das unterscheiden hilft: »Die »Schlange« am Anfang. Damit haben Kinder einen Buchstaben entdeckt. Dieses Verfahren gilt es zu intensivieren.

Finden von Buchstaben und Schrift in der Umwelt

Besonders für den Schreibanfänger ist es wichtig, die Umwelt nach Schrift abzusuchen. Dabei spielt es noch keine Rolle, um welche Schrifttypen es sich handelt. Es wird sich weit überwiegend um Druckschrift handeln. Die Kinder schneiden Wörter oder einzelne Buchstaben aus und kleben sie in das Schreibheft oder auf Plakate. Sie vergleichen die Schriften, versuchen sie zu erlesen. Sehr wichtig für alle Kinder ist, dass die Ähnlichkeit von Buchstaben entdeckt wird. Da kommen immer wieder O, T, S usw. vor. Einige Kinder wissen sicher schon den Lautwert. Sie können auch das ganze Wort erlesen.

Variante: Die Buchstaben werden abgemalt und in das Schreibheft eingetragen. Dies kann eine freie Ergänzung zum Fibellehrgang sein. Die Kinder können auch die Buchstaben in der Umwelt-Schrift suchen, die sie schon gelernt haben. Dann geht es vielleicht um die Schrifttyp-Varianten.

Variante: Die Schrift wird zu bestimmten Themenbereichen gesucht.

- Lebensmittel: COLA, EIS, NUTELLA
- Reinigungsmittel: IMI; ATA

Variante: Hans Brügelmann beschreibt in »Die Schrift entdecken« (Konstanz 1984) viele Spiele mit Schrift. Die beliebten Kim-Spiele können zum Schrifterwerb variiert werden: Die Kinder ertasten Gegenstände unter einer Decke, erraten, was es ist und nennen den Gegenstand. Wenn es darum geht, möglichst viele Gegenstände anschließend aufzählen zu können, ist es erlaubt, das Wort »aufzuschreiben«. Wenn die Kinder bereits einige Buchstaben kennen, ist dies ein guter Anreiz, sich im freien Schreiben zu versuchen. Die Kinder benutzen dann die so genannte »Skelett-Schrift«, bei der einige Erinnerungsbuchstaben aufgeschrieben werden.

Buchstabenvorbilder

Es empfiehlt sich, die Druckbuchstaben (später auch die Schreibschriftbuchstaben) insgesamt, evtl. schon in alphabetischer Reihenfolge, auf einer Buchstabentafel im Klassenraum auszuhängen. So können sich die Kinder immer wieder die Form des Buchstabens ansehen.

Variante: Die Buchstaben werden in Form von Buchstaben-Bild-Karten ausgehängt.

Buchstaben in Namen entdecken (Buchstaben-Suchspiel)

Erfahrungsgemäß können viele Kinder schon zu Schulbeginn ihren Namen in Druckschrift schreiben. An diese Fähigkeit anzuknüpfen, ist inzwischen allgemein didaktischer Standard. Die von den Kindern geschriebenen Eigennamen lassen sich für Analysen verwenden, aber auch zum Finden von Buchstaben und zum Ergänzen der jeweiligen Einzelbuchstabenkenntnisse.

Beispiel: Die Kinder legen Klassenlisten an: Sie schreiben ihre Namen auf ein großes Blatt Papier, das dann ausgehängt wird (oder auf die Wandtafel) und Grundlage für das »Buchstaben-Suchspiel« ist. Die Kinder versuchen, die anderen Namen zu lesen und Buchstaben in den anderen Namen zu entdecken.

Variante: Es geht darum, gleiche Buchstaben in verschiedenen Namen herauszufinden. Diese Buchstaben können einzeln abgeschrieben werden. Zu diesen Buchstaben lassen sich dann wieder Gegenstände, Wörter finden.

Sicherung: Die gefundenen Buchstaben werden mit dem Fibellehrgang in Beziehung gesetzt. Sie werden sinnlich erarbeitet und gesichert: aufkleben, ausschneiden, formen, kneten …

Über die Schrifterfahrungen sprechen

Wenn die Kinder Schrift entdecken, Buchstaben finden, Wörter oder Buchstaben aufschreiben, machen sie wichtige Schrifterfahrungen, über die man (im Sitzkreis) sprechen kann. Die Kinder tauschen so einige Erfahrungen aus,

- über ihre Lieblingswörter,
- über die neu gelernten Buchstaben,
- über ihre Schreibschwierigkeiten,
- über ihr Vergessen,
- …

Aus der Druckschrift die Vereinfachte Ausgangsschrift (VA) ableiten

Die VA ist mit den Antiquaformen der Druckschrift recht eng verwandt, da viele Buchstaben der VA vereinfacht und an die Druckbuchstabenformen angenähert sind. Außerdem kann die VA wie die Druckschrift aus den einzelnen Buchstaben zusammengesetzt werden, ohne dass sich die Buchstabenformen verändern.

Die Kinder stellen als geübte Druckschriftschreiber in der zweiten Hälfte des ersten Schuljahres vergleichend die Ähnlichkeiten und Unterschiede zwischen der Druckschrift und der VA fest. Dazu werden ihnen die Alphabete und Schriftproben geboten.

Es wird festgestellt, dass die Unterschiede darin liegen, dass die VA sozusagen »in einem Zug«, natürlich mit Haltepunkten, geschrieben wird, während bei der Druckschrift der Stift abgesetzt wird. Die Buchstaben der VA sind daher verändert und müssen eingeführt und geübt werden. Außerdem weist die VA Verbindungsstriche zwischen den Buchstaben auf. Die Vergleiche zeigen diese Sachverhalte:

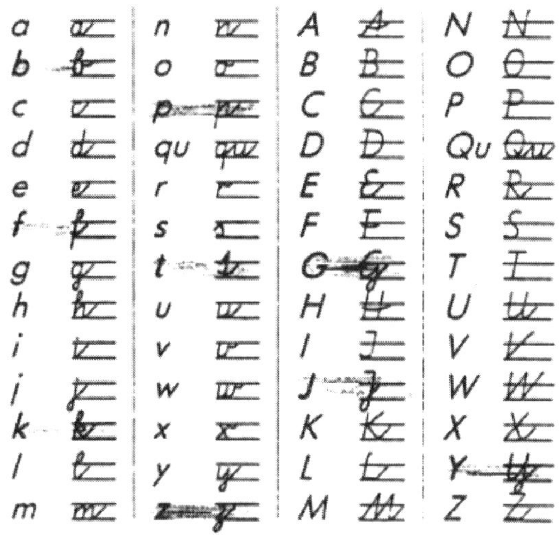

Abb. 43: Kleinert, I.: Von der Druckschrift (DS) zur Vereinfachten Ausgangsschrift (VA). In: Grundschule, Heft 12/1992, S. 10-13

Schrift sammeln

Gudrun Spitta empfiehlt, zum Einstieg in die Schreibschrift Schriften von Erwachsenen sammeln zu lassen (Von der Druckschrift zur Schreibschrift, S. 80). Diese Schriften werden im Unterricht analysiert:

- Gemeinsamkeiten (Verbindungen zwischen Buchstaben);
- Unterschiede zu Druckbuchstaben;
- mangelnde Leserlichkeit;
- Schnelligkeit.

1.3 Buchstaben schreiben lernen, das ABC lernen

1.3.1 Schreibideen zu Buchstaben und ABC

Buchstaben aus einfachsten Grundformen zusammensetzen

Die von Kindern gerne verwendeten Blockbuchstaben (Groß-Antiqua) lassen sich aus wenigen ganz einfachen Grundformen zusammensetzen: Man kann solche Grundformen aus Karton ausschneiden. Die Kinder setzen dann daraus Buchstaben und kleine Wörter zusammen:

- **A** aus zwei schrägen und einem kleinen waagrechten Streifen,
- **B** aus einem senkrechten und zwei kleinen halbrunden Streifen,
- **C** aus einem größeren halbrunden Streifen,
- usw.

Es werden also folgende Formen benötigt:

- kürzere und längere Gerade,
- kleinere und größere Halbrunde,
- Bogenstücke.

Die Kinder können dann mit viel Spaß die Buchstaben konstruieren.

Den »kleinen Unterschied« feststellen

Vor allem die kleinen Druckbuchstaben unterscheiden sich nur durch ein geringfügiges Merkmal. Die Kinder sollen lernen, auf diese kleinen Unterschiede genau zu achten. Das Gelernte haftet fester, wenn die Kinder den Unterschied selbst herausgefunden haben.

d-a
g-q
m-n
o-a
d-b
h-k
h-n

Die Unterschiede sind leichter zu merken, wenn sie durch Einprägungshilfen gestützt werden. Gudrun Spitta schreibt in »Von der Druckschrift zur Schreibschrift«, Seite 63, zu dem Unterschied zwischen h und n folgenden Spruch (»Eselsbrücke«):

- Das kleine h, das hört man schwer, darum muss eine Stütze her.
- Das n ist klein, lass es so sein.
- Bei b (Verwechslung mit d) kann die Hervorhebung des »Bauches« einprägend wirken.

In der häufig verwendeten Grotesk-Schrift sind das große i (I) und das l gleich geschrieben. Dies führt zu unnötigen Verwechslungen. Es empfiehlt sich, das l in der Brückl-Schrift mit Bogen (ι) zu schreiben.

Buchstabenkärtchen für die Überleitung von der Druck- zur Schreibschrift

»Jetzt wollen wir aber wie die Erwachsenen in Schreibschrift schreiben«, so äußern sich viele druckschreibende Erstklässler nach den Weihnachtsferien. Diese Erfahrung habe ich selbst als junger Lehrer gemacht. Über die gleiche Erfahrung berichtet auch Spitta aus ersten Klassen.

Buchstabenkärtchen aus alten Buchstabenkästen zur Demonstration im Klassenzimmer können diesen Wunsch realisieren helfen. Sie zeigen auf der Vorderseite den gedruckten, auf der Rückseite den geschriebenen Buchstaben. Die Kinder legen die Wörter in Druckschrift, drehen dann die Buchstaben um und haben das Wort in Schreibschrift vor sich: Eine ideale Lernsituation. Nun vergleichen die Kinder, erarbeiten selbst die Form- und Bewegungsstruktur der Buchstaben, so weit sie es können, fahren auch die geschriebenen Buchstaben nach. Allerdings sollte die Lehrerin helfen, damit sich keine falschen Bewegungsstrukturen einprägen.

Wenn die Kinder die Schreibbewegungen geklärt haben, können sie evtl. selbst Richtungspfeile eintragen.

Buchstaben-Collage

Es werden zu einzelnen Buchstaben Bilder und Wörter gemalt und ausgeschnitten und zu einem bunten Bild zusammengeklebt. Beispiel: H-Collage.

Abb. 44: H-Collage

Buchstaben aus Buchstaben

Einzelbuchstaben werden aus ausgeschnittenen Buchstaben zusammengeklebt, also beispielsweise ein großes G aus lauter kleinen Gg. Die Buchstaben können auch aufgemalt werden.

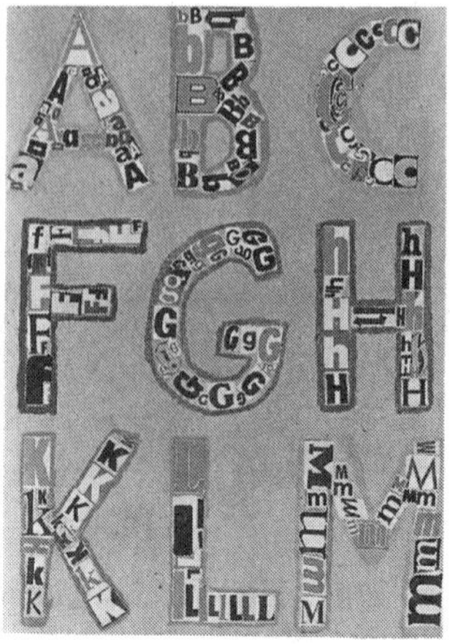

Abb. 45: Buchstabencollage. Bunte Buchstaben auf Packpapier, mit Wachsmalkreide umrandet. Aus: Fölling-Albers, M.: Das ABC begreifen & gestalten 1990, S. 27

Buchstaben formen, kneten, backen ...

Beispiel 1: Buchstaben zum Essen. Buchstaben können aus Salzteig, Mürbeteig geformt und gebacken werden

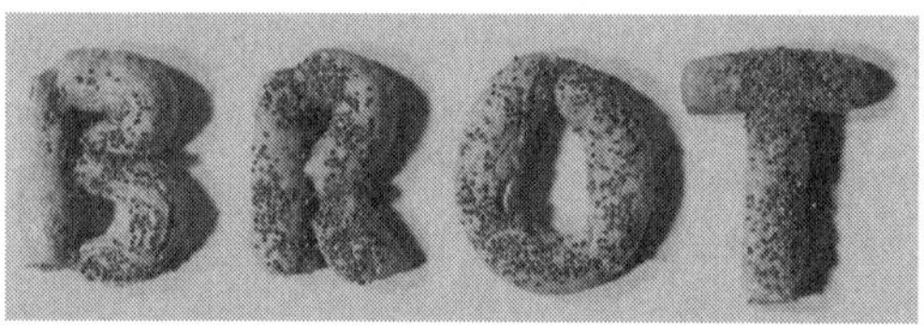

Abb. 46: Buchstaben aus Brotteig. Aus: Fölling-Albers, M.: Das ABC begreifen & gestalten 1990, S. 9

Bei diesen essbaren Buchstaben kann man Buchstaben gleicher Form auch verzieren, beispielsweise alle A mit roten Streuseln usw. Solche Buchstaben lassen sich natürlich auch verzehren oder durch Abbeißen in ihrer Form verändern.

Buchstaben-Traum

Es war einmal ein T in einem leeren Raum.

Aus dem T entsprangen plötzlich
Tiger, Tintenfische und Tausendfüßler.

Nun war das T nicht mehr allein im Raum.

Das war ein toller T-Traum!

Abb. 47: Aus Grasso 1987

Anfangsbuchstabe des Materials entspricht dem Buchstaben

- K werden aus Knöpfen gelegt,
- M aus Metermaßstücken,
- L aus Legoteilen,
- S aus Seifenstücken,
- usw.

ABC aus Bausteinen

Die Kinder werden angeregt, die Buchstaben aus Bausteinen (Holz, Lego ...) zusammenzusetzen.

Buchstaben mit Stäbchen oder Streichhölzern legen

Die reformpädagogischen Bestrebungen führten viele Ideen in den Unterricht ein, wie man Buchstaben kindgerecht einführen könne, u.a. mit Stäbchen oder mit Streichhölzern. Besonders die Großbuchstaben der Druckschrift mit vielen senkrechten und waagrechten Linien lassen sich gut damit legen, die Buchstaben A, E, F, H, I, K, L, M, N, T, V, W, X, Y, Z.

> *Beispiel:* Das Legen der Buchstaben mit Streichhölzern hat offenbar auch internationale Verbreitung gefunden. Das folgende Beispiel wurde in einer hebräischen Fibel gefunden.

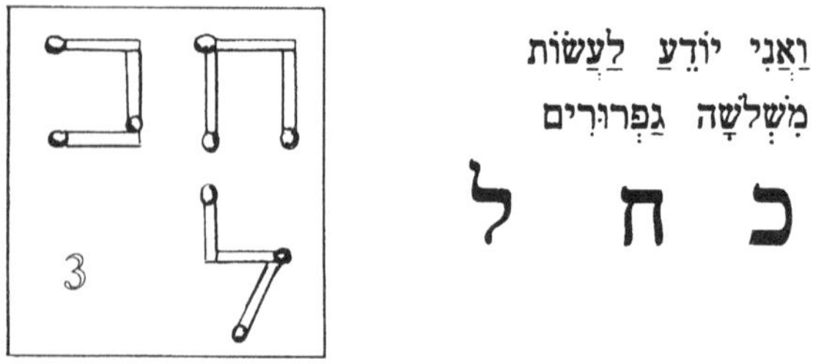

Abb. 48: Beispiel für Legen mit Streichhölzern, aus einer hebräischen Fibel, Montreal

Buchstabennetz für Großantiqua-Buchstaben

Mit Hilfe der Fröbelschen Netztafel kann man die Großbuchstaben konstruieren. Die Kinder müssen dazu die Formen der Buchstaben in der Netzstruktur wiederfinden und sie nachfahren.

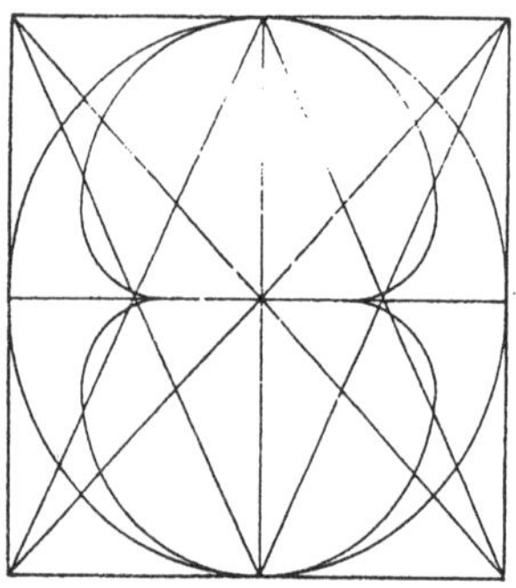

Abb. 49: Netztafel nach Fröbel. Nach Valtin, R.: Erstunterricht mit Großbuchstaben. In: Grundschule 1990, S. 46)

Großbuchstaben aus geometrischen Formen zusammensetzen

Man gibt den Kindern geometrische Grundformen: Schmale Rechtecke, Quadrate, Kreise, Halbkreise, Dreiecke. Die Kinder versuchen, Buchstaben aus diesen Formen zusammenzusetzen. Dies schult sowohl den geometrischen Formensinn wie auch das Gefühl für die besonderen Buchstabenformen und die Unterschiede. Beispiele für die Bildung von Großbuchstaben aus geometrischen Grundformen:

- P aus länglichem Rechteck und Halbkreis,
- K aus zwei Dreiecken, die sich mit der Spitze berühren oder aus drei länglichen Rechtecken.

Buchstaben aus Alltagsmaterial zusammensetzen

Der Fantasie sind hier keine Grenzen gesetzt:

- kleine Steinchen,
- bunte Glasplättchen,
- kleine Blütenblätter,
- Sandkörner,

- aber auch Papierkügelchen,
- gerissene Papierstückchen
- oder Wollfäden

lassen sich zu Buchstaben zusammenfügen und gegebenenfalls aufkleben.

Namen einritzen

»Ich schnitt' es gern in jede Rinde ein …« heißt es dichterisch in einem berühmten Liebeslied. Menschen haben das Bedürfnis, ihren Namen durch Einritzungen zu verewigen. Auch die Kinder können Buchstaben, Namen, kleine Aussagen in Material einritzen. Dies kann in Pappe, Rinde geschehen. Im Holz der Schulbänke haben sich schon Generationen von Schulkindern ohne didaktische Anleitung verewigt.

Buchstaben-Bild-ABC

Beispiel: Das ABC wird durch Abbildungen ergänzt, die den jeweiligen Buchstaben als Anlaut enthalten.

Abb. 50: Aus: Blumenstock/Blumenstock: Fimi-Fibel, Konkordia Verlag, Bühl 1998

In Deutschland haben ABC-Büchlein eine lange Tradition: Als Beispiel soll ein Tier-ABC dienen.

Abb. 51: Beispiel: Hund, Haut. Aus: Klaus Vonderwerth: Tür-ABC, Volk und Wissen Verlag, Berlin 1994.

Namen-ABC

Die Buchstaben werden durch Vornamen repräsentiert. Dabei sollten natürlich Namen aus der Klasse genommen werden. So entsteht ein natürliches Verhältnis zum Buchstaben. Auf diese Weise kann eine besondere Spielart des Wort-Bild-Buchstaben-ABC entstehen.

Kinder malen ihr ABC-Bilderbuch

Beispiel: Jahrmarkt-ABC. Gegen Ende des ersten Schuljahres stellen Lehrerin und Kinder unter einem bestimmten Motto ein Bild-ABC dar. Zu jedem Buchstaben wird ein Bild gemalt, der Buchstabe dazugeschrieben. Im Mai bietet sich beispielsweise das Thema »Jahrmarkt« an. Dieses einfache Bilder-ABC entstand in der Klasse Gabriele Blumenstocks an der Thomas-Nast-Grundschule Landau/Pfalz:

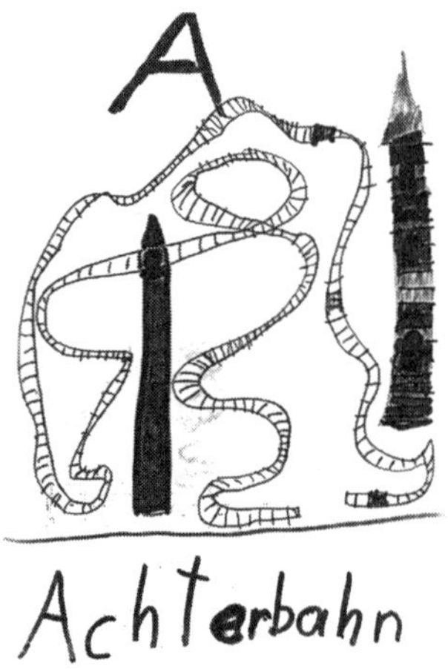

Abb: 52: A: Achterbahn

Buchstaben aus Suppennudeln verwenden

Die Kinder können mit den kleinen Suppennudeln verschiedene spielerische Übungen durchführen:

- Bekannte Buchstaben heraussuchen und sammeln.
- Buchstaben in der Reihenfolge des ABC legen.
- Wörter aus Buchstaben bilden.

Es empfiehlt sich, die kleinen Nudelbuchstaben auf eine selbstklebende Unterlage zu legen, damit sie nicht verrutschen, zum Beispiel auf die Klebeseite eines Etiketts.

1.3.2 ABC-Gedichte

Wenn die Buchstaben-Laut-Beziehungen im Laufe des ersten Jahres erlernt und die Buchstabenformen der Druckschrift erarbeitet und gefestigt sind, sollten die Buchstaben in der im Alphabet (ABC) festgelegten Reihenfolge erworben werden. ABC-Gedichte sind eine gute und kindgemäße Möglichkeit, sich das ABC anzueignen. Sie eignen sich darüber hinaus gut für Vorträge vor der Klasse, einer Partnerklasse oder bei Schulfesten.

Die Möglichkeiten des Vortrags, der ästhetisch-bildnerischen oder szenischen Ausschmückung sind zahlreich. Sie reichen vom einfachen reihenden strophenweisen Vortrag der Gedichte durch die Kinder der Klasse bis zur dramatisierenden Gestaltung von ABC-Gedichten, die einen starken Handlungsbezug aufweisen.

Im Folgenden sind ABC-Gedichte unterschiedlicher Länge und Schwierigkeit aufgenommen. Damit bestehen auch Möglichkeiten, unterschiedlichen Ansprüchen und Absichten gerecht zu werden. Die selbst gedichteten Beispiele sollen Mut zum eigenen Schaffen, auch durch die Kinder, machen.

Ein erzieherisches ABC aus einer alten Fibel

Die Verse eignen sich zum Sprechen und unterstützen das Auswendiglernen des ABC, indem einige Buchstaben zu Gruppen zusammengefasst und zu einem Endreim-Vers umgedichtet werden.

a b c Kopf in die Höh'!
d e f Wart, ich treff!
g h i Das macht Müh!
j k l Nicht so schnell!
m n o Lauf nicht so!
p q r Das ist schwer!
s t u Hör mir zu!
v w x Mach 'nen Knix!
y z Geh' zu Bett!

Abb. 53: Aus: Fleig/Hirtler/Ries 50er-Jahre, S. 46

J:
Jaguar und Neinguar
besuchen einen Stier.
Der Stier ist hocherfreut und fragt:
»Bleibt ihr heut abend hier?«
Der Neinguar sagt: »Nein!«
Der Jaguar sagt: »Ja!«
Der Neinguar geht fort,
der Jaguar bleibt da.

Diese Reimerei kann recht gut in ein szenisches Spiel umgesetzt werden: Zwei Kinder spielen Jaguar und Neinguar.

ABC-Gedicht

Beliebt bei Erstklässlern sind die Gedichte, in denen jeder Buchstabe in einen Vers eingebunden ist, wobei häufig Spaß oder Unsinn dominieren. Im Unterricht kann eine solche Buchstaben-Versfolge leicht unter die Kinder aufgeteilt werden, wobei jedes Kind einen Vers spricht und dabei den richtigen Buchstaben zeigt. Bei Aufführungen kann das Kind den jeweiligen Buchstaben auf einem großen Schild hochhalten. Das Schild ist natürlich mit entsprechenden Bildern verziert.

A ist der Affe,
er ißt mit der Pfote.

B ist der Bäcker,
er backt braune Brote.

C ist Cäcilie,
sie trinkt süßen Tee.

N ist das Nest
für das Vogelkind.

O ist der Otter,
der Fische gern mag.

P ist der Papagei,
er sagt „Guten Tag!"

Abb. 54: Aus: Blumenstock, L.: Mitmachfibel, Konkordia Verlag, Bühl, 1992

Das Namen-ABC

Dieses Gedicht wurde für die Fimi-Fibel (Konkordia, Bühl) vom Autor selbst geschrieben. Auch für Kinder stellt es eine reizvolle Aufgabe dar, zum ABC Verse zu schmieden. Sie machen Spaß und festigen das ABC.

Ayla sammelt alte Dosen.
Benno trägt gern bunte Hosen.

Carmen schwärmt für coole Sachen.
Dominik muss dauernd lachen.

Eva ekelt sich vor Schlangen.
Ferdinand lässt sich nicht fangen.

Abb. 55: Aus: Blumenstock, Fimi-Fibel, Konkordia Verlag, Bühl, 1998, S. 50f

Naturgeschichtliches Alphabet

Dieses Alphabet-Gedicht von Wilhelm Busch war einer der »Urväter« der neueren ABC-Gedicht-Bemühungen. Es widmet jedem Buchstaben einen einfachen Vers aus der Fauna. Er ist wegen der schlichten Sprache auch für Erstklässler verstehbar. Die Sprache wirkt nur an wenigen Stellen etwas antiquiert. Leider fehlen die selteneren Buchstaben X und Y. Vielleicht sollte man sie ergänzen.

A Im Ameisenhaufen wimmelt es,
Der Aff frisst nie Verschimmeltes.
B Die Biene ist ein fleißig Tier,
Dem Bären kommt das g'spaßig für.
C Die Ceder ist ein hoher Baum,
Oft schmeckt man die Citrone kaum.
D Das wilde Dromedar man koppelt,
Der Dogge wächst die Nase doppelt.
E Der Esel ist ein dummes Tier,
Der Elefant kann nichts dafür.
F Im Süden fern die Feige reift,
Der Falk am Finken sich vergreift.
G Die Gems im Freien übernachtet,
Martini man die Gänse schlachtet.
H Der Hopfen wächst an langer Stange,
Der Hofhund macht dem Wandrer bange.
I Trau ja dem Igel nicht, er sticht,
Der Iltis ist auf Mord erpicht.
J Johanniswürmchen freut uns sehr,
Der Jaguar weit weniger.
K Den Kakadu man gern betrachtet,
Das Kalb man ohne weiters schlachtet.
L Die Lerche in die Lüfte steigt,
Der Löwe brüllt, wenn er nicht schweigt.
M Die Maus tut niemand was zu Leide,
Der Mops ist alter Damen Freude.
N Die Nachtigall singt wunderschön,
Das Nilpferd bleibt zuweilen stehn.
O Der Orang-Utan ist possierlich,
Der Ochs benimmt sich unmanierlich.
P Der Papagei hat keine Ohren,
Der Pudel ist meist halb geschoren.
Q Das Quarz sitzt tief im Bergesschacht,
Die Quitte stiehlt man in der Nacht.
R Der Rehbock scheut den Büchsenknall,
Die Ratt gedeihet überall.

S Der Steinbock lange Hörner hat,
auch gibt es Schweine in der Stadt.
T Die Turteltaube Eier legt,
Der Tapir nachts zu schlafen pflegt.
U Die Unke schreit im Sumpfe kläglich,
Der Uhu schläft zwölf Stunden täglich.
V Das Vieh sich auf der Weide tummelt,
Der Vampir nachts die Luft durchbummelt.
W Der Walfisch stört des Herings Frieden,
Des Wurmes Länge ist verschieden.
Z Die Zwiebel ist der Juden Speise,
Das Zebra trifft man stellenweise. *(Aus: Busch 1982, S. 111ff.)*

Jahrmarkt-ABC

Das ist ein lustiges und sehr kindgemäßes ABC-Gedicht. Es eignet sich zum Vortragen und Ausgestalten: Die Kinder machen die entsprechenden pantomimischen Bewegungen dazu (z.B. Dosenwerfen).
Die Kinder malen den Buchstaben entsprechende bunte Jahrmarktsbilder und schmücken damit den Klassenraum oder den Flur.

A Achterbahn
Die Achterbahn macht Tobias munter, erst geht es rauf, dann plötzlich runter.
B Bierzelt
Im Bierzelt ist die Stimmung groß, hier kommt man her, hier ist was los.
C Clown
Der Clown verschenkt den Luftballon, und Jutta läuft erfreut davon.
D Dosenwerfen
Das Dosenwerfen ist ein Spiel, das Thomas gern gewinnen will.
E Eisverkäufer
Der Eisverkäufer hat sehr gutes Eis; Wolfgang freut sich schon, denn es ist ihm heiß.
F Fischstand
Der Fischstand hat gebratnen Fisch, der schmeckt sehr lecker und ist frisch.
G Geisterbahn
Die Geisterbahn erschreckt für Geld auch Martin, denn er ist kein Held.
H Herkules
Herkules ist ein starker Mann, der dicke Ketten sprengen kann.
I Irrgarten
Der Irrgarten macht Inge sehr verwirrt, wenn sie zu schnell durch seine Gänge irrt.
J Jahrmarktorgel
Die Jahrmarktorgel klingt wie ein Orchester,
da staunt der Max und ruft gleich seine Schwester.
K Karussell
Das Karussell dreht sich im Kreis, wie jedes Kind schon lange weiß.

L Losbude
Die Losbude lockt mit schönen Preisen, manche kann man gleich verspeisen.
M Milchbar
Die Milchbar lädt zum Trinken ein, die Milch ist kühl und schmeckt sehr fein.
N Nagelklopfen
Das Nagelklopfen ist kein leichtes Spiel, doch Stefan trifft genau das Ziel.
O Ochsenwilli
Der Ochsenwilli würzt den Braten, er soll ihm heute gut geraten.
P Ponyreiten
Das Ponyreiten geht im Galopp; Pit und Sandra rufen »hopp, hopp, hopp».
Q Quizspiel
Das Quizspiel hat sehr viele Fragen, auch Ingrid muss sich dabei plagen.
R Riesenrad
Das Riesenrad ist eindrucksvoll, und die Aussicht ist ganz toll.
S Schiffschaukel
Die Schiffschaukel macht sehr großen Spaß, doch bei Regen wird man leider nass.
T Tanzbär
Der Tanzbär ist ein drolliger Geselle, zur Musik dreht er sich freudig auf der Stelle.
U Ufo
Das Ufo fliegt sehr schnell im Kreis, da wird es Fritzchen ganz schön heiß.
V Vogeljakob
Der Vogeljakob pfeift ein kleines Lied, und seine Vögel singen alle mit.
W Würstchenbude
Die Würstchenbude lädt Groß und Klein zu einer kurzen Stärkung ein.
X Xerxes
Xerxes schluckt Feuer, Glas und Schwert, der ist sein Eintrittsgeld schon wert.
Y Yogi
Yogi, der Fakir, ist sehr geheimnisvoll, und deshalb finden ihn die Kinder toll.
Z Zuckerwatte
Die Zuckerwatte gibt's zum Schluss, bevor Christoph wieder heimgehn muss.
(Aus: Dandl, Jahrmarkt-ABC. Kursiv Verlag, München, 1985)

Schulbus-ABC
Jeden Tag um Viertel vor
steht der Schulbus vor dem Tor,
und mit Lachen und mit Schrei'n
steigen viele Kinder ein.

Achim will ganz vorne sitzen,
Birgit rennt und kommt ins Schwitzen,
Carlo lässt den Rucksack fallen,
Dagmar kann mit Bonbons knallen …
(vom Autor)

Selbst gemachte ABC-Verse

Die Lehrerin Ute Andresen hat ABC-Verse für ihre »ABC-Schützen« geschrieben. Beispiele:

A a: Abends im Bett
ist mir nicht bange:
Mama ist da,
ich hör sie noch lange.

Ich höre sie rascheln –
ich glaube, sie liest.
Sie räuspert sich leise.
Jetzt hat sie geniest!

Das Telefon klingelt.
Sie redet und lacht.
Ihr Bett knarrt. –
Nun hat sie
das Licht ausgemacht.

C c: Was die Clowns
auch machen –
sie wollen,
dass wir lachen.

I i: Ein Igel geht
vor zwei Igeln.
Ein Igel geht
zwischen zwei Igeln.
Ein Igel geht
hinter zwei Igeln.

Wie viel Igel
sind das wohl?

(Aus: Andresen/Popp 1994)

2. Weiterführendes Schreiben

2.1 Schreiben als Spiel mit Sprache

2.1.1 Spielen mit Buchstaben, Lauten und Wortteilen

Hier handelt es sich um die kleinsten Einheiten der Sprache. Die Spiele führen entweder zu Bedeutungsveränderungen oder zu komischen, unsinnigen Spracheinheiten. Die Kinder werden auf die elementaren Bestandteile der Sprache aufmerksam, wenden sich bewusst den Buchstaben und Lauten zu und unterscheiden Sinnvolles von Sinnlosem.

Buchstaben bildlich darstellen
Die Kinder erfinden Gegenstände, Tiere, Menschen zu bestimmten Buchstabenformen. So liegt es nahe, das A als Leiter, das O als Sonne rund oder oval als Gesicht darzustellen. Auch kompliziertere Formen können gestaltet werden, zum Beispiel

- A als Hut eines Männchens.
- M als zwei spitze Berggipfel.

Laute klingen verschieden
Laute haben unterschiedliche Charaktere, rufen unterschiedliche Stimmungen hervor: u dunkel, bedrohlich, i schneidend, abweisend …

Tadelnde Laute
ts-ts-ts-ts-ts! **… bitte leiser!**

Leise Laute
PSSSsss! **… und hören …**

Sanfter Laut
Pf-pf-pf-pf-pf-Pfeifenrauch **… horchen …!**

Abb. 56: Aus: Manz 1991, S. 45

Wörter verzaubern

Wörter werden durch Austausch des Anfangsbuchstabens verändert. Die Kinder, die die Regel erkannt haben, schreiben und lesen die veränderten Wörter und malen ein Bild dazu. Beispiel: Abrakadabra

Abb. 57: Abrakadabra.
Aus: Blumenstock, Mitmachfibel, Konkordia Verlag, Bühl, 1992

Wie heißt es richtig?

In Wörtern mit mehreren Vokalen wird ein Vokal systematisch ersetzt und der richtige Wortklang erprobt:

Zitrine, Zitrune, Zitrane, Zitrone.
Lokomotove, Lokomotave, Lokomotüve, Lokomotive.
Kantane, Kantene, Kantune, Kantine.
Margarene, Margarane, Margarune, Margarine.

Die Kinder probieren die Wörter mündlich durch und finden das richtige Wort heraus. Sie schreiben es dann auf.

Geheimschrift

Geheimschriften zu konstruieren und zu entschlüsseln, stellt für Grundschüler einen hohen Anreiz dar. Die Buchstaben-Laut-Schriften werden häufig auf der Ebene der Einzelzeichen verschlüsselt, d.h., für einen Buchstaben werden nach bestimmten Regeln andere Zeichen gewählt. Die festgelegte Regel ist der Verschlüsselungs-Code. Das Ver- und Entschlüsseln stellt für die Kinder eine gute Übung auf der Ebene der Buchstaben dar, eine sehr bewusste (verfremdende) Hinwendung zum Einzelzeichen und seiner Laut-Entsprechung.

> *Beispiel:* Michael konstruiert auf einem Fest aus Langeweile, mit Hilfe einer Geheimschriftanleitung, eine Geheimschrift aus Zahlen. Dabei entspricht jeweils ein Zahlenpaar einem Buchstaben des Alphabets.

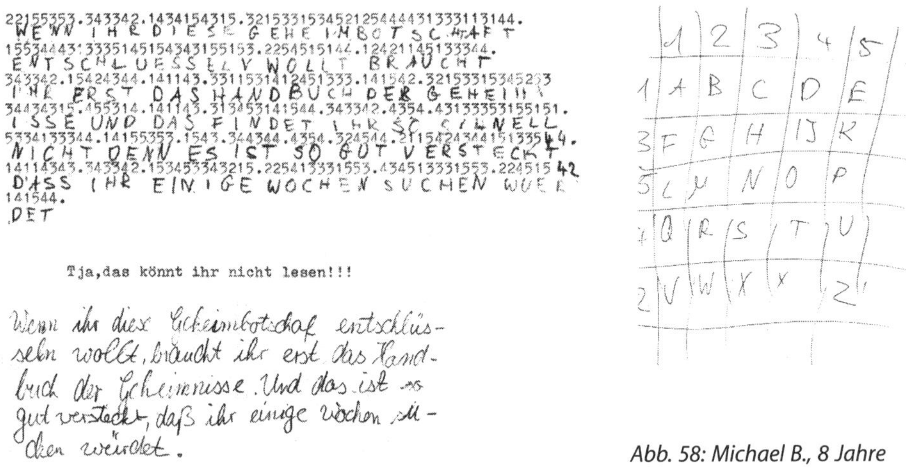

Abb. 58: Michael B., 8 Jahre

Buchstaben weglassen

Fimi, der Fibel-Mini, hat Appetit auf bestimmte Buchstaben, die er gerne auffrisst. Dieser Fimi kommt in der Fimi-Fibel vor, die den Kindern »Appetit« auf das Lesen und Schreiben machen möchte: Fimi frisst beispielsweise alle e in den Wörtern: Verkehrte Welt

Abb. 59: Aus: Blumenstock/Blumenstock, Fimi-Fibel, Konkordia Verlag Bühl, 1998, S. 59

Die Kinder schreiben nun die Wörter ohne die »gefressenen« Buchstaben auf und lesen sie dann: Statt Keller: Kllr.

Vokale austauschen

Das Tauschen der Vokale führt zu einer Verballhornung der Wörter und zum Teil zu lustigen Wortbildungen.

Beispiel: Das verrückte ä

Es war einmal ein ä, das wollte immer anders sein.
Erst verlor es seine beiden Striche. Da war es ein a.
Aus dem Bär wurde nun Bar,
aus dem Käfer der Kafer, aus dem März der Marz
und aus dem Märchen das Marchen.

Nun lasen die Kinder in der Schule alles verkehrt.
Dann tauschte das ä mit dem ö den Platz.
So wurde aus dem Mädchen das Mödchen, aus
der Säge die Söge, und aus Gänsen wurden Gönse.

Da wurde auch der große Bruder, das Ä, übermütig.
Er tauschte mit dem Ü.
Das Äffchen hieß nun plötzlich Üffchen,
und das Ärmchen wurde zum Ürmchen.

Aber das machten die Schulkinder nicht mehr mit.
Sie stellten die Buchstaben an den richtigen Platz
und konnten nun wieder alles lesen.

Abb. 60: Aus: Blumenstock, Mitmachfibel, Konkordia Verlag, Bühl, 1992

Buchstaben darstellen

Beispiel: Selbstlaute

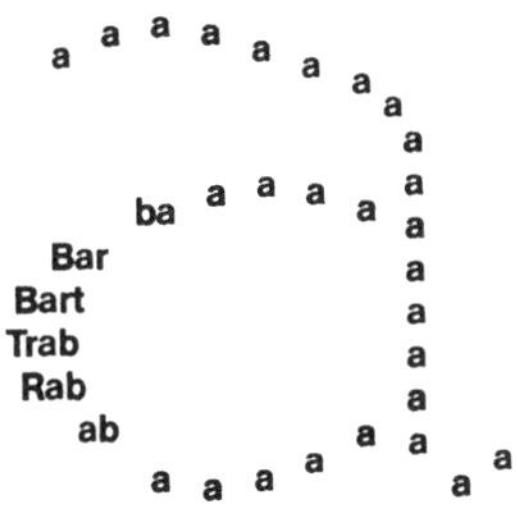

Abb. 61: Aus: Manz 1991, S. 42

Die Kinder versuchen, Wörter nach dieser Art zu schreiben, zu illustrieren, z.B.:
RUND-ECKIG
LANG-KURZ
TREPPAB
BIRNE
HAUS
DACH
GRUBE
SCHWEBEN
LAUFEN
TREPPE

Wörter aus dem Alphabet bilden

Die Kinder schreiben das Alphabet in einer Reihe auf und nehmen auch die Diphtonge (ei, au …) sowie die Umlaute (ä, ö, ü) und die Mehrfach-Konsonanten (sch, ch) dazu. So ist die Buchstabenauswahl größer:

A B C D E F G H I J K L M N O P QU R S T U V W X Y Z EI AU EU Ä Ö Ü SCH CH

Sie bilden nun Wörter und streichen die gebrauchten Buchstaben weg. Aus den übrig gebliebenen Buchstaben werden so viele Wörter wie möglich gebildet. Wettkampf: Sieger sind die Kinder (oder die Gruppen) mit den meisten Wortbildungen (oder mit den meisten verwendeten Buchstaben).

Beispiel: ALT FEIN (diese Buchstaben werden gestrichen).

Wenn es um die meisten Wörter geht, müssen die Wörter natürlich möglichst kurz sein. In jedem Fall sollte man gleich zu Anfang selten verwendete Buchstaben einbeziehen (wie X, Y …), damit die nicht übrig bleiben: YAK, SCHEU … usw.

Wörter zum Alphabet schreiben

Bei diesem Schreibspiel werden die Buchstaben des Alphabets untereinander geschrieben. Dann schreibt jeder ein Wort zu einem beliebigen Buchstaben.

Variante: Man schreibt in der Reihenfolge des ABC. So kann man sich den Buchstaben nicht aussuchen. Dies ist ein gutes Spiel für Kinder, die bereits öfter Wörter zum ABC geschrieben haben und sie auswendig können.

Silbenrätsel

Beispiel: Michael hat für seine Schwester Christine in seiner Freizeit ein Silbenrätsel mit Lösungswort konstruiert.

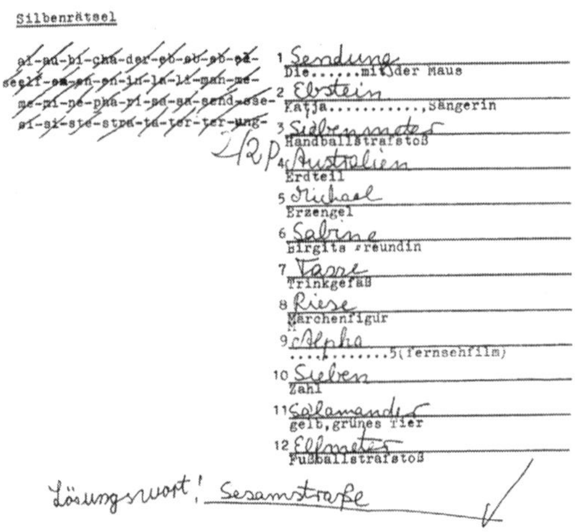

Abb. 62: Michael B., 8 Jahre

Silben vertauschen

Man kann das Spiel mit Vorsilben durchführen. Die Vorsilben werden dann vertauscht. So entstehen seltsam klingende Wörter

Ver – ge – um – vor – nach
Verdrehte Wörter: umsingen – gewerfen – nachfallen

Variante: Längere Wörter werden in Silben getrennt und dann mit anderen bunt verwürfelt:

LO KO MO TI VE   NI KO LAUS   PUP PEN WA GEN

LOKOLAUS   PUPKOMOTIGEN

Endbuchstaben weglassen

Die Kinder löschen Endbuchstaben und geben dann die Wörter (Sätze, Texte) anderen zur Lösung.

Beispiel:

Ei**O**   Wor**O** ohne Ende

ist wie ein Voge**O** ohne Schwan**O**.

Silben-Bilder-Lotto

Bild-Wortkarten werden nach Silben auseinander geschnitten, wobei dadurch auch das Bild in Streifen zerschnitten wird. Die Aufgabe besteht nun darin, die Wörter wieder richtig zusammen zu setzen. Die Bildteile leisten dabei natürlich wichtige Hilfe.

2.1.2 Spielen mit Wörtern

Hier steht die kleinste Bedeutungseinheit der Sprache im Vordergrund. Die Wörter lassen sich aus Teileinheiten bauen, sie lassen sich nach bestimmten Regeln zu Sätzen fügen. Diese Regeln werden angewandt, zum Teil aber auch verändert. Dadurch entstehen Auffälligkeiten.

Mit Zahlen schreiben

Zahlwörter kommen oft in der Binnenstruktur von Wörtern vor: In Nacht steckt acht, in Klavier steckt vier … Die Kinder suchen zunächst in Wörtern die Zahlenbestandteile auf: Danach finden sie selbst solche Wörter und schreiben sie auf, z.B. als »Rätsel«:

W8

2g

Kla4

Beispiel:
Kleiner Streit
»Ich bin 2fellos größer als du«,
sprach zum Einer der Zweier.
»3ster Kerl, prahle nicht so!«
knurrte der größere Dreier.
»Und ich!« rief der Einer, »bin zwar der kl 1 te,
aber dafür bestimmt auch der f 1 te.«
»Nein, mir gibt man sogar noch den Sch0er«,
piepste der Nuller.

(Aus: Manz 1991, S. 38)

Buchstaben-Bilder-Rätsel (Rebus)
Buchstaben werden mit Bildern so kombiniert, dass sie zusammen ein längeres Wort ergeben. Es empfiehlt sich, ein oder mehrere Beispiele gemeinsam zu besprechen und dann solche Rätsel erfinden zu lassen.

Siebenschläfer
Zehennagel
Breischüssel
Uhrmacher
Sonnenschein

Abb. 63: Aus: Essers-Reinartz 1980, S. 110f.

Anschaulich-bildliche Wortdarstellungen (»Wortbilder«)

```
      K
      R
KREUZ UND  Q     U     E     R
      U
      Z    G


      E
     P
    P
   I
W                 W E L L E
```

Auto-Wörter

Kleine Wörter entstehen manchmal durch zufällige Kombinationen bei Autonummern:

MA-US
KA-TZ
WI-TZ
WI-ND
FR-AU
FR-EI

Die Kinder suchen die Städtekennzeichen aus einem Autoatlas heraus (was an sich schon viel Spaß bereitet) und versuchen, durch Anhängen von ein oder zwei Zusatzbuchstaben, sinnvolle Wörter herzustellen. Wettkampf: Sieger ist der Schüler (die Gruppe) mit den meisten Wörtern.

Wörter immer länger machen (Wörter zusammensetzen)

HAUS
HAUS TÜR
HAUS TÜR SCHLÜSSEL

AUTO
AUTO BAHN
AUTO BAHN SCHILD

Eine Geschichte aus Riesenwörtern:

»In einem Dorf befand sich ein Brunnen. Er war so weit ab von allen Häusern und Bäumen, dass er nie Schatten bekam. Deshalb wurde er der Sonnenbrunnen genannt. Da sich die Leute der Umgebung mit Kannen und Wannen ihr Wasser holten, nannten sie ihn auch den Kannenwannensonnenbrunnen. Der Kannenwannensonnenbrunnen hatte die Form eines mittelalterlichen Burgturms, und aus den Zinnen plätscherte das Wasser heraus. Es plätscherte in steinerne Rinnen hinein und versickerte dann. Ein Heimatforscher nannte den Brunnen deshalb den Kannenwannenzinnenrinnensonnenbrunnen. Da die Schwäne und Hühner am Kannenwannenzinnenrinnensonnenbrunnen zu trinken pflegten, wurde er bald Kannenwannenzinnenrinnenschwanenhahnensonnenbrunnen genannt …«

(Aus: Stengel 1979).

Der Abkürzungsfimmel

Es gibt heute sehr viele Abkürzungen, an die man sich schon gewöhnt hat:

PKW statt Personenkraftwagen;
VW statt Volkswagen;
CD statt Compact-Disc;
OP-Schwester statt Operationsschwester.

Wenn man das zur Marotte werden lässt, kann man alle zusammengesetzten Wörter abkürzen. Die Kinder können Sprachscherze daraus machen:

- Schulkinder zu SchuKis;
- Kindergartenkinder werden zu KiGaKis;
- Grundschullehrer werden zu GruSchuLes.

Bei diesem Abkürzungsfimmel kommt eine regelrechte Geheimschrift heraus: Nach der letzten Schustu gingen einige Viekläs schnell auf den Jama, kauften sich dort einige dicke Lubas und etwas Zuwa. Sie fuhren mit dem Rira und mit der Aba. Zum Schluss aßen sie alle noch eine Ribrawu.
Übersetzt heißt das so:
Nach der letzten Schulstunde gingen einige Viertklässler schnell auf den Jahrmarkt, kauften sich dort einige dicke Luftballone und etwas Zuckerwatte. Sie fuhren mit dem Riesenrad und mit der Achterbahn. Zum Schluss aßen sie noch eine Riesenbratwurst.

Wörterschlangen

Die Kinder benutzen den letzten Teil des Wortes und schließen daran das neue Wort an. Dieses Spiel lässt sich auch nach Art eines Dominospiels durchführen.

UHR	BAND					
		BAND	METER			
			METER	STAB		
				STAB	KIRCHE	:::

Kannst du weitermachen? Erkenne die Spielregel!

Lustige zusammengesetzte Wörter

Zwei zusammengesetzte Wörter werden um das gemeinsame Mittelwort zusammengefügt:

KUNTERBUNT BUNTSTIFT KUNTERBUNTSTIFT
DRACHENMAUL MAULSPERRE DRACHENMAULSPERRE

Eine Möglichkeit besteht darin, den Kindern Bestandteile vorzugeben, aus denen sie solche Scherzwörter zusammensetzen:

STOPFNADEL NADELKISSEN
BUNTPAPIER PAPIERFABRIK
SCHWIMMMEISTER MEISTERDETEKTIV

Verdrehte Wörter

Beispiel: Wörter von hinten nach vorne schreiben. Das ist ein beliebtes Spiel bei Kindern, die in die Geheimnisse der Buchstabenschrift eingedrungen sind: Besonders gerne werden die Namen von hinten nach vorne geschrieben und gelesen, weil das so komisch klingt:

Miriam:	Mairim
Kai:	Iak
Rosa:	Asor
Karin:	Nirak
Florian:	Nairolf

Zugleich wird damit die Fähigkeit des Schreibens von Buchstabenfolgen und das buchstabenorientierte genaue Lesen geübt.

Palindrome

Palindrome ergeben rückwärts gelesen die gleichen Spracheinheiten. Für Kinder sind vor allem Wörter geeignet. Sie können aufgeschrieben und von hinten gelesen werden. *Beispiele:*

RETTER
RAR
OTTO
RETTER
EHE
EBBE
ANNASUSANNA
EGGE
SOS
TOT
NUN
BUB

ELLE
ATA
IMI
NEFFEN
NENNEN

Manche Wörter ergeben ein anderes Wort, wenn man sie von hinten liest:
NIE – EIN
NEGER – REGEN
LEBEN – NEBEL
ESEL – LESE
MAIS – SIAM
RETTICH – GITTER
BURG – GRUB
SARG – GRAS

Sätze sind unter den Palindromen sehr selten und naturgemäß gekünstelt. Folgender Satz wird immer wieder zitiert:
EIN NEGER MIT GAZELLE ZAGT IM REGEN NIE

Versteckte Wörter

Wörter sind in einem Buchstabenraster versteckt. Dabei sind mehrere Schwierigkeitsgrade möglich. Die Anzahl der Wörter ist verschieden, der Schwierigkeitsgrad der zu suchenden Begriffe, die Technik des Versteckens (waagrecht und/oder senkrecht und/oder diagonal).
Beispiel: Versteckte Tiere

Abb. 64: Aus: Blumenstock/Blumenstock, Fimi-Fibel, Konkordia Verlag, Bühl, 1998

Wo manche Worte wohnen *(V. Ferra-Mikura)*
Das Wort »aus« wohnt in
einem richtigen Haus,
doch zugleich in der Jause,
in der Maus und in der Laus.

Das Wort »und« wohnt im Hund,
im Grund und im Schlüsselbund,
in der Stunde, in der Runde
und im Namen Rosamunde.

Das Wort »ein« wohnt im Schwein
und im Mondenschein,
in Steinen, in Beinen und Hundeleinen.

Und wo wohnt das Wort »ach«?
im Bach
im Krach
im Lachen
und in vielen
anderen Sachen.

Viele Wörter in einem Wort
SCHLARAFFENLAND
SCHLA   F
SCH A   F
        A   ND
       AFFE
  H   AR FE

Ein Wort in vielen anderen Wörtern versteckt. Das ist ja aller»hand«
Tiger-Jagd *(H.G. Lenzen)*
Wer Lust hat, kann an Regentagen
auch hier zu Lande Tiger jagen.

Es lohnt zum Beispiel der Versuch
der Tigerjagd im Wörterbuch.

Dort spielt der Tiger mit den Jungen
im Quellgebiet der Steigerungen:

Ein Lus-Tiger, ein Präch-Tiger,
ein Läs-Tiger, ein Mäch-Tiger,

ein Hef-Tiger, ein Gran-Tiger,
ein Bors-Tiger, ein Kan-Tiger,

ein Kräf-Tiger, ein Saf-Tiger,
ein ganz und gar Wahrhaf-Tiger,

ein Ar-Tiger, ein Bär-Tiger,
und manchmal auch ein Verfer-Tiger.

Von Bildern und Geschichten,
der so ein Spiel erfinden kann,
von dem wir hier berichten.

Man braucht zu dieser Tigerjagd
kein Netz und kein Gewehr,

und wer ein bisschen überlegt,
der findet noch viel mehr.

Kreuzworträtsel
Kreuzworträtsel zu lösen ist eine gute Übung für das buchstabenweise orthografisch korrekte Schreiben. Die Raster geben die Buchstabenanzahl genau vor, sodass eine gewisse Kontrolle bereits bei der Schreibung des Einzelwortes gegeben ist. Vorstufen zum Kreuzworträtsel bestehen im Schreiben von Wörtern zu Bildern in Zeilen mit einem Lösungswort in der ersten Spalte.

2.1.3 Spielen mit Sätzen

Sätze mit bestimmten Anfangsbuchstaben bilden (Spiel, Wettkampfspiel)
Die Wörter innerhalb eines Satzes müssen mit bestimmten Buchstaben beginnen. Diese Wörter werden entweder vorgegeben oder mit einem Buchstaben-Würfel ermittelt (oder auf andere Weise). Kurze Sätze sind leichter.
KLF: K urt l äuft f ort.
ISNG: I ris s ieht n icht g ut.

Variante: Eisenbahn-Oma
Die Eisenbahn-Oma erfindet Sätze, in denen jedes Wort mit dem gleichen Buchstaben beginnt.

Oma Brückner weiß lange G-Sätze

Als Oma Brückner mit ihrer Geschichte zu Ende ist, sagt Ulli anerkennend: „Toll! Da hast du wirklich ganz großes Glück gehabt!"
„Ganz großes Glück gehabt", wiederholt Oma Brückner. „Da hast du ja fast einen G-Satz gemacht!"
„Was ist denn ein G-Satz?" fragt Ulli.
„In einem G-Satz fangen alle Wörter mit einem G an", erklärt Oma Brückner. „Zum Beispiel so: ‚Große gelbe Giraffen gucken gewöhnlich ganz glücklich' oder ‚Gruselige Gespenster geben grauen Gänsen gern grauenhaft große Gabeln'. Das ist ein Spiel. Ich habe es mit meiner kleinen Schwester immer gespielt. Als sie ein bißchen älter war."
„Wollen wir das nicht auch spielen?"

Abb. 65: Aus: »Die Eisenbahn-Oma« von Paul Maar. © Verlag Friedrich Oetinger, Hamburg 1981, S. 54

Sätze schrittweise aufbauen

Die Einheiten werden sprachlich komplexer. Durch bestimmte grammatikalische Regeln werden Wörter zu Sätzen und durch logische, stilistische und andere Fügungsregeln werden Sätze zu Texten.

Leiter *(J. Spohn)*
Am
Am Ende
Am Ende von
Am Ende von der
Am Ende von der Leiter

da geht es nicht mehr weiter

Sätze nach Regeln bilden

Beispiel: Jedes Wort enthält einen bestimmen Buchstaben/Diphtong:
Neun Eulen heulen scheußlich.

Variante: Möglichst viele Wörter sollen ein bestimmtes Element enthalten:
zum Beispiel **U** Ein Uhu ruft unter einem urigen Buchenstamm.
Der Guru guckt unter den Stuhl.

Sätze mit Endreim: Reimregeln finden

Da fehlt etwas *(Mira Lobe)*	
Abends schleicht auf leiser	Tatze
zu dem Kirschbaum Nachbars	……..
Klettert flink hinauf bis	fast
auf den allerhöchsten	…..
Denn bekanntlich fressen	Katzen
außer Mäusen auch gern	……….
Vater Spatz piepst laut im	Dustern
und beginnt sichaufzu ………..	
Augen glühen, Krallen	wetzen,
Vater Spatz hört's mit	Ent ………
Doch die Spätzin (woll'n wir	wetten?)
wird schon ihre Kinder	……….
Kämpft so lange um ihr	Nest,
bis die Katz den Baum	ver …….

(Aus: Domengo 1977)

Sätze nach Autonummern

Die Anfangsbuchstaben von Nummernschildern ermöglichen es, kleine, lustige, manchmal sinnvolle, manchmal unsinnige Sätze zu bilden. Die Kinder schreiben sich die Buchstabenfolgen auf und stellen sie anderen Kindern als Aufgabe.

MTL-EE …:	Mit Tante Lilo Eis essen
RÜG-G …:	Rolf überfuhr Gertrud gestern
DZ-IN …:	Das Ziel ist nah
GER-N …:	Gestern erntete Ralf Nüsse
KA-ZW …:	Karl aß zu wenig
DO-LS …:	Dort oben liegt Schnee
SI-AT …:	Sina isst achtzig Törtchen

2.1.4 Spielen mit Textteilen

Beispiel: Lustige Gerichte
In der Hopsi-Fibel verwechselt das lustige Eichhörnchen Hopsi die Speisezutaten und erzeugt seltsame Gerichte.

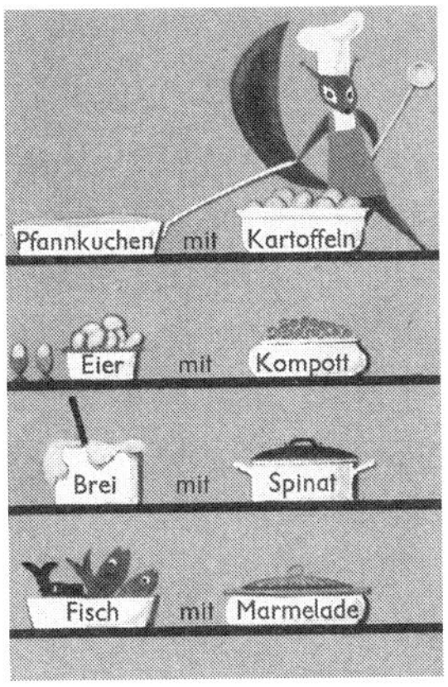

Abb. 66: Aus: Denzel o.J.

Verwürfelte Gedichte ordnen

Gedichte mit einfacher Struktur und Reimform, außerdem anspruchslosem Inhalt können wie Prosageschichten durcheinander gewürfelt und wieder geordnet werden. Die Kinder bekommen durch die Arbeit ein Gefühl für die Inhaltsabfolge und die Reimform des Gedichts.

Beispiel: Das große kecke Zeitungsblatt

1. Strophe:
Heut wanderte durch unsre Stadt
ein großes keckes Zeitungsblatt,
mir selber ist's begegnet.

2.–5. Strophe fehlt (siehe unten: 12 Zeilen)

6. Strophe (Schluss):
Da saß es nun und duckte sich
Jetzt krieg ich dich! – Doch es entwich
mit tausend Purzelbäumen.
Verwürfelte 2.–5. Strophe:
kam es gelaufen, hopp, hopp. hopp,
Allmählich wurd es müd. Es kroch,
ganz plötzlich einen Sprung.
Stieg steil empor in kühnem Flug,
Dann aber tat das Zeitungsblatt
und landete dann wieder.
von weitem mir entgegen.
Herab die Straße im Galopp
es schlurfte nur, es schlich nur noch,
wobei es ein paar Saltos schlug.
Und legte still sich nieder.
Da lag's wie eine Flunder platt.
(nach J. Guggenmos)

Variante: Rätselspiele zwischen Einzelschülern oder Schülergruppen. Jede Gruppe versucht, eine Geschichte so in Unordnung zu bringen, dass die Gegengruppe es schwer hat, sie zu ordnen.

Variante:
Andere Veränderungsmöglichkeiten:
Sätze weglassen.
Sätze hinzufügen.
Einen Satz aus einer anderen Geschichte einfügen.
Zwei Geschichten durcheinander würfeln (recht schwierig).

2.1.5 Spielen mit der Bedeutung der Sprache

Widersprüche

Paradox ist es,
wenn ein Glasermeister große Sprünge macht,
wenn ein Schreiner ein Brett vor dem Kopf hat,
wenn der Augenarzt einem Patienten auf den Zahn fühlt,
wenn ein Schiffer auf dem Trockenen sitzt,
wenn ein Glatzkopf die Lüge haarsträubend findet,
wenn ein Blinder rot sieht,
wenn eine Frau ihren Mann steht,
wenn ein Trompeter immer die erste Geige spielen möchte,
wenn man bei einem Gartenfest mit der Tür ins Haus fällt.

Ratespiel

Die Rategegenstände können variieren: Pflanzen, Tiere, Ortsnamen, Schlagersänger, Fußballspieler …

Beispiel: Tiere raten. Jeder Mitspieler schreibt auf einen Zettel einen Tiernamen und befestigt den Zettel so auf dem Rücken eines Mitspielers, dass der nicht sehen kann, was darauf steht. Der Mitspieler versucht nun durch Fragen herauszubekommen, was auf seinem Rücken steht. Erst dann darf er den Zettel entfernen. Die Befragten dürfen nur mit Ja und Nein antworten.

Wörterraten

Ein Wort wird verdeckt aufgeschrieben (in Großantiqua).
Beispiel: **E L E F A N T**
Die Konsonanten werden abgedeckt (z.B. mit Centstücken). Übrig bleibt die Vokalstruktur: E **O** E **O** A **O O**. Die Kinder versuchen das Wort zu erraten. Dabei können Hilfen gegeben werden, zum Beispiel ist es eine Pflanze, welche Farbe hat es usw. Man kann diese Hilfe auch schriftlich darbieten.

Variante: Die Vokale werden abgedeckt.

Übertragene Bedeutung

Die Lehrerin erzählt eine Geschichte: Meine Mutter ist so groß wie ich. Aber die Mutter meiner Mutter ist ganz groß. Ich nenne sie daher »Groß-Mutter«. Dieses Wort wird geschrieben. Die Wortbestandteile werden erkannt, ebenso dass hier keine wörtliche Bedeutung von »groß« vorliegt. Allerdings ist uns dies beim Sprachgebrauch nicht mehr bewusst. Die Kinder suchen und schreiben nun ähnliche Wörter (Adjektive übertragener Bedeutung):
Groß-Vater
Hoch-Deutsch
Aus dem Bereich der Substantiva:
Tisch-Bein
Schnabel-Tasse
Aus dem Bereich der Verben:
Es wurmt mich
Das juckt mich nicht

Wunderwörter

Die Kinder erfinden Wörter und geben ihnen eine bestimmte Bedeutung. Beispiel:
- Eine »Schwafel« ist eine schwarze Tafel.
- Ein »Guler« ist ein guter Lehrer.

Es geht aber auch ganz frei:
- Gekniesel: Leise Schwätzen, wenn die Lehrerin gerade etwas an die Tafel schreibt.
- Bimpusel: Etwas zum Essen, was ganz seltsam schmeckt.

Wörter-Einfall (»Cluster«-Bildung)

Dieses Spiel ist als Vorbereitung zu vielen Arten des freien Schreibens gut geeignet. Ein Wort wird in die Mitte geschrieben; die Kinder lassen sich Wörter einfallen, die dazu passen und schreiben sie um das Kernwort.

Beispiel: Urlaub – lange Fahrt
schöne Landschaft
Straße **Auto** Streit
Motor Mir wird schlecht

Die Wörter können geordnet werden: Angenehme Gedanken an Auto – unangenehme! usw.

Lustige Sätze

In Sätzen oder Texten ersetzt man einzelne Wörter durch ähnlich klingende und verunstaltet damit den Sinn der Aussage völlig. Beispiele:

- Die Läufer (Säufer) gehen an den Start.
- An jeder Hand haben wir fünf Finger (Springer).
- Unsere Lehrerin hat heute einen bunten Rock (Bock, Stock) an.
- Meine Schulmappe geht (steht) nur schwer auf.
- Auf dem Meer kann man segeln (kegeln).

Anschauliche Darstellung von Sätzen (Visualisierung)

Sätze werden nach ihrem Inhalt geschrieben und gestaltet. Beispiel: Klaus liest rundherum …

Abb. 67: Zum Vorlesen und Mitlesen. Aus: Pregel 1971, S. 17

Versteckte Sprichwörter

Voraussetzung ist, dass die Kinder sich vorher mit Sprichwörtern beschäftigt haben. Sie kennen also Redewendungen wie

- Lügen haben kurze Beine.
- Wo gehobelt wird, fallen Späne.
- Wer andern eine Grube gräbt, fällt selbst hinein.
- Reden ist Silber, Schweigen ist Gold.
- usw.

Diese Sprichwörter werden nun Wort für Wort in Sätzen versteckt. Der Spielpartner (die Gruppe) muss das Sprichwort herausfinden. Beispiel:
Darüber können wir *reden*.
Was *ist* das?
Das Kettchen besteht aus *Silber*.
Willst du wohl *schweigen*!
Karl *ist* groß.
Kann man *Gold* machen?
(Lösung: Reden ist Silber, Schweigen ist Gold)

Versprecher

Unabsichtliche Versprecher geben Anreiz zum Durcheinanderwürfeln von Alltagssprache, Redensarten … Kindern macht es auch Spaß, im Alltag auf solche Versprecher zu hören und sie zu notieren.

Beispiele:
Ich hab mich mit Fänden und Hüßen gewehrt.
Du verbrennst dir nur die Füße, äh die Finger.
Ihr macht mich wohl über euch lustig.
Der haut dir die Nase vor der Türe zu.
Jetzt wollte ich dich übers Ohr ziehen.
Erst ein heißes Bett und dann ab in die Wanne.
Keinen trockenen Leib mehr am Faden.
Die Soldaten nagen am Bettelstab.
Schnutenpitzel.
Zeichstrater Käse
Advocado
Tomatenspratzer
Lasst uns auf das Wohl des Säuflings trinken.
Wer zu spät kommt, den strafen die Hunde.
Die Hölle auf Herden, äh Erden.
Das ist eine Kuhmilchrechnung.
Das Auto hat zwei Schweinwerfer.
Ein Sommer macht noch keine Schwalbe.
Weil ich einen Fliegenleger kenne.
Der keine Fliege trübt.
Kannst du mir eine Tanne Tee holen?
Wir falten die Augen, äh wir schließen die Augen
und falten die Hände.
(Aus: Leuninger, H.: Danke und Tschüss fürs Mitnehmen. Gesammelte Versprecher. Zürich 1996)

Teekesselspiel (wörtliche und übertragene Bedeutung)

Wörter haben oft mehrere Bedeutungen. Die Beherrschung solcher Mehrfachbedeutungen ist für die Sprachbeherrschung der Kinder sehr wichtig. Die Kinder verwenden »Teekesselchen« für das gesuchte Wort.

Beispiele:
Mein Teekesselchen ist ein wunderbares Haus und verschließt die Tür (Schloss).
Mein Teekesselchen trägt Tische und Menschen (Bein).

Die Kinder erfinden gerne solche Rätselspiele, besonders wenn das Prinzip für sie noch neu ist.

Alles wörtlich genommen

Die Kinder nehmen übertragene Bedeutungen wörtlich. Damit wenden sie sich Metaphern bewusst zu. Beispiele:

- Das Bachbett bekommt ein Daunenkissen, damit der Strom weich liegt.
- Setz dich bei Regen unter den Bild-Schirm, damit du nicht nass wirst.
- Der Schlüssel muss sich rasieren, er hat einen Bart (Schlüsselbart).
- Die Kinder erfinden ähnliche Aussagen zu
- Bergrücken, Felsnadel, Fingerhut, Kabelsalat, Stuhlbein …

Beispiel: Seltsamer Dialog
»Warum kicherst du?
Hast du Kichererbsen gegessen?«
»Dumme Frage,
soll ich etwa weinen,
nur weil ich Wein-
trauben gegessen habe?«

(Aus: Manz 1991, S. 49)

Eine Geschichte mit lauter Redensarten

Beispiel: Die schreckliche Krankheit des Herrn Hahn
Frau Hahn unterhält sich mit Frau Rößle. Schließlich fragt Frau Rößle: »Und wie geht es Ihrem Mann?« »Ach«, sagt Frau Hahn, »schlecht geht es ihm. Er hat eine schreckliche Krankheit. Die Ärzte sind ratlos. Jede Nacht heult er wie ein Wolf, denn er hat einen Bärenhunger. Dann springt er wie von der Tarantel gestochen aus dem Bett und kriecht wie eine Schnecke in die Küche. Hier benimmt er sich wie ein Elefant im Porzellanladen. Am nächsten Morgen ist er natürlich hundemüde und schläft …« – »wie ein Murmeltier«, quatscht Frau Rößle dazwischen. – »Genau. Aber am Nachmittag ist er wieder munter wie ein Reh und schnüffelt herum wie ein Hund. Oder er sitzt wie ein begossener Pudel im Sessel und ist stumm wie ein Fisch. Oder er reißt sein Maul auf und brüllt wie ein Löwe. Aber gleich darauf piepst er wie eine Maus … Ja, bei meinem Mann ist wirklich der Wurm drin. Was muss man da bloß machen?« »Sie schicken Ihren Mann am besten zum Tierarzt!«
(Aus: Kirsch & Korn 1976)

Die Kinder werden aufgefordert, die Sprichwörter und Redensarten, die hier verwendet werden, herauszufinden. Die Kinder können Redensarten aufschreiben, die sie kennen: Jemand an der Nase herumführen; aus dem Häuschen fahren; ein Brett vor dem Kopf haben; noch feucht hinter den Ohren sein; den Kopf hängen lassen; die Nase voll haben usw.

Variante: Die Kinder nehmen Redensarten wörtlich und erfinden dazu eine kurze Geschichte und/oder malen ein entsprechendes Bild dazu:

- Die Nase voll haben: Ein Mann mit einer zugestopften Nase … Was ihm alles passiert, wie die Leute reden …
- Den Mund zu voll nehmen: Mit was man alles seinen Mund voll nehmen kann …
- Die Augen sind größer als der Magen: Eine Frau (ein Kind) mit riesengroßen Augen und einem ganz kleinen Bauch (Magen). Was ihm beim Essen alles passiert …

Logisches und Unlogisches: Über Bedeutung nachdenken

1. Beispiel: »Alle Jungen lügen.«.

Wenn das ein Mädchen sagt, dann hat es bestimmt schlechte Erfahrungen mit Jungen gemacht; und die Jungen sind bestimmt beleidigt.

Aber wenn ein Junge das sagt, dann wird es ziemlich kompliziert …

Wenn der Junge nämlich als Junge immer lügt, dann stimmt das ja nicht; also sagt er die Wahrheit. Wenn er aber die Wahrheit sagt, dann stimmt es. Aber dann lügt er wirklich, also stimmt es wieder nicht usw. …

Da soll man nicht verrückt werden …

2. Beispiel: Bumfidel denkt sich was ziemlich Verrücktes aus:

Bumfidel denkt sich gern abends vor dem Einschlafen was aus, zum Beispiel wie es wäre, wenn er NIEMAND hieße. Ein bisschen verrückt, das findet er selbst. Aber – es könnte doch sein.

»Ist NIEMAND da?« Und die Kinder antworteten: »NIEMAND ist da.« Die Kinder hätten die Wahrheit gesagt, und er könnte ganz ruhig weiterspielen. Denn wenn niemand da ist, ist niemand da. Das wäre wohl klar.

Oder der Lehrer fragt: »Hat niemand das Gedicht gelernt?« Und dann sagt es Bumfidel-NIEMAND ganz ordentlich auf. Niemand wäre also auch jemand. Und dann würde etwas stimmen, was gar nicht stimmt.

Freilich: Niemand hat Bumfidel gern, würde nicht bedeuten, dass ihn jemand gern hat. Doch. Er sich selbst. Und umgekehrt. Bumfidel hat niemand gern? Das wäre falsch. Oder etwa nicht? Bumfidel kommt zu dem Schluss: So ganz astrein ist die Sache nicht. Anderen kann er die Geschichte nicht erzählen. Und jetzt mahnt die Mutter auch noch von nebenan: »Was plapperst du denn? Du sollst schlafen, hörst du.« Bumfidel kichert: »Niemand plappert.« Dann ist er still.

Die Kinder können die Geschichte auch verändert schreiben:

KEINER; JEMAND; ALLE …

Wie geht die Geschichte dann?

2.2 Kinder dichten selbst

2.2.1 Schreiben einfacher Lyrik

Lyrik gilt als dritte poetische Gattung neben Epik und Dramatik. Volkstümlich kann man von »Dichten« sprechen. Hier steht im Unterschied zu Prosatexten die Subjektivität stark im Vordergrund. Außerdem wird bei Lyrik mit bestimmten unterschiedlich verwendeten Stilmitteln gearbeitet wie Reim, Metrum/Rhythmus, bestimmten Wiederholungsformen, bildlichen Aussagen, einem bewusst gestalteten Sprachklang. Lyrik unterscheidet sich daher von der Alltagssprache. Sie ist eine kunstvollere Sprache und gilt daher als »schwierig«. In der Schule beschäftigte sich die Didaktik bis in die neueste Zeit hinein mit Lyrik ausschließlich rezeptiv, noch nicht einmal reproduktiv geschweige denn produktiv.

Erst im Zuge des freien und kreativen Schreibens wurden Ansätze einer Didaktik der Gedichtproduktion auch schon für die Grundschule entwickelt.

Im Folgenden einige methodische Tipps, wie man Kinder zum Nachdichten oder Selberdichten anregen kann.

Vorbereitende Übungen zum »Dichten«

Kinder »malen« sprachliche Bilder

Eine wichtige Vorbereitung für lyrisches Schreiben ist das Schaffen von sprachlichen Bildern: Besonders die Naturlyrik arbeitet mit vergleichenden Bildern, um die Schönheit des Geschauten auszudrücken.

Beispiel: Septembermorgen *(E. Mörike)*
Im Nebel ruhet noch die Welt.
Noch träumen Wald und Wiesen.
Bald siehst du, wenn der Schleier fällt,
herbstkräftig die gedämpfte Welt
im warmen Golde fließen.

Solche Gedichte regen die Kinder an, selbst vergleichende Ausdrücke zu suchen.
Sie beschreiben das Wasser des Badesees:
wie ein Spiegel, glitzert und blendet …
die Nacht: gespenstergrau, rabenschwarz, düster, wie eine schwarze Wand.

den Sommertag: leuchtend helle Sonnenscheibe, brennt wie Glut, verbrennt das Gras, alles gelb und braun …

Daraus machen dann Kinder Gedichte folgender Art:
Die Nacht ist schwarz und dunkel.
Der Mond ist wach.
Der Baum steht da.
Die Krähe fliegt hoch.
Sie unterhalten sich.
Der Mond kommt ein Stückchen runter.
Sie sagen sich ihre Träume.
(Sebastian)
(Aus: E. M. Kohl. Die Grundschulzeitschrift 1993, S. 24ff.)

Wörter klingen lassen

Für das lyrische Schreiben ist es wichtig, dass die Kinder auf Sprachklang hören, sich in die Wörter hineinhören:
rattttttttern, knattttttttttttttttttern (man hört es richtig).
rascheln (leise).
flüstern (geheimnisvoll).
wispern (kaum hörbar).
huschen.
usw.

Die Kinder finden (erfinden) Wörter, die ihnen besonders gut gefallen und sprechen sie, hören auf den Rhythmus, klopfen dazu, suchen Wörter mit gleichem Sprechrhythmus:
Elfenbein – Samowar – Winnetou – Känguru
Pirat – Pirol – Tirol – Monsun
Veilchenduft – Rosenstrauß – (Riefenstroß)
Marabu – (Miraba) – Malaka

Zum Fantasieren ermuntern

Viele Kinder erstarren sprachlich im Regelwust der Schule und trauen sich nichts zu, zum Teil auch aus Angst vor Fehlern. Fabulieren mit Sprache entsteht, indem man Wörter verändert, auseinander schneidet, wieder zusammen bastelt …

Beispiel: Fantastische Lebewesen (Pflanzen und Tiere werden gemischt).
Maiglöckchen
Regenwurm
Vergissmeinnicht
Graugans
Pfefferminz

Siebenpfeifer
Osterglocken

Daraus werden:
Pfeffer-Wurm, Sieben-Wurm
Grau-Glöckchen
Sieben-Glocken
usw.

Die bildliche Vorstellungskraft der Kinder wird durch die Aufgabe geweckt, diese Blumen oder Tiere in Bilder umzusetzen:
Bei Osterglocken ist an große Kirchenglocken zu denken, gelb angemalt, die auf der Wiese läuten.
Bei Vergissmeinnicht: Ein Kind sieht in einem Taschenkalender nach: Morgen hat Mama Geburtstag!
usw.

Kinder für das Fühlen öffnen

Beispiel: Frühling *(C. Nöstlinger)*
Eines Morgens
ist der Frühling da.
Die Mutter sagt,
sie riecht ihn in der Luft.

Pit sieht den Frühling.
An den Sträuchern im Garten
sind hellgrüne Tupfen.
Anja hört den Frühling.
Neben ihr, auf dem Dach,
singen die Vögel.

Unten vor dem Haus
steigt Vater in sein Auto.
Er fühlt den Frühling.
Die Sonne scheint warm
auf sein Gesicht.

Aber schmecken
kann man den Frühling noch nicht.
Bis die Erdbeeren reif sind,
dauert es noch lange.

Die Kinder werden aufgefordert, in der Natur das zu sehen, zu fühlen, zu riechen, zu hören, was die Jahreszeit bietet. Sie berichten dann im Morgenkreis über ihre Wahrnehmungen, die sie vielleicht auch notiert (geschrieben oder gemalt haben).
Sie malen den Winter mit wenigen Farben (weiß, grau, schwarz).
Sie malen den Herbst mit bunten Farben.
Sie malen den Frühling mit zarten Tönen (hellgrün).
Sie drücken das Gemalte auch sprachlich aus, suchen geeignete Farbadjektive:
Zu welcher Jahreszeit passen sie?
pastellfarben, zartrosa, duftig, hellgrün
dunkelbraun, feuerrot, ein kräftiges Orange
usw.
Die Kinder hören auf Geräusche in ihrer Umgebung:
Man hört den Wind säuseln, rauschen, wispern,
den Regen plätschern, rieseln, rauschen …
die Vögel zwitschern, lärmen, streiten, zanken …
Man riecht den Duft der blühenden Bäume,
der Herbst im Wald riecht schon modrig, nach Erde,
die Schuhe quietschen im Wasser,
das Laub fühlt sich feucht usw.
Mit diesem immer wieder erarbeiteten Sprachmaterial lässt sich Lyrik gestalten.

Analog bildhafte Vergleiche erfinden

Beispiel: Manchmal möchte man faulenzen *(J. Reding)*
Manchmal
möchte man faulenzen
wie ein Auto
ohne Motor

wie ein Sonnenschirm
im Winter

wie ein Nachthemd
am Tag
(Beispiel aus: Payrhuber ³1996)

Die Kinder können sich in das Bedürfnis nach Faulenzen gut hineinfühlen. Die bildhaften Vergleiche sind leicht eingängig:
Es handelt sich um Gegenstände, die in dem jeweiligen Zustand oder in der jeweiligen Zeit überhaupt nichts »zu tun« haben:
ein Nachthemd ist am Tage »beschäftigungslos«, ebenso ein Sonnenschirm im Winter. Es gilt nun analoge Bilder zu finden:

beispielsweise
eine Sonnenuhr in der Nacht
ein Heizofen im Sommer
wie ein Geldbeutel ohne Geld
wie ein Flugzeug ohne Flügel
…
Aus diesen Verssatzstücken lassen sich neue Zusammenstellungen kombinieren:
Manchmal möchte ich faulenzen
wie eine Sonnenuhr
in der Nacht
usw.

Variante: Gegenbilder dichten
Manchmal möchte ich ganz besonders fleißig (aktiv) sein
wie ein Auto mit Turbomotor
wie ein Flugzeug mit Düsenantrieb
wie ein Boot mit doppeltem Heckmotor
wie ein gedopter Läufer
usw.

Gefühle ausdrücken

Beispiel: Tanzen (nach Puhan-Schulz 1989)
Kinder schreiben, wie sie sich beim Tanzen fühlen.

Clustering: Wenn ich tanze, fühle ich mich wie …

Die Kinder schreiben ihre Gefühle auf und erwerben so das Material für ein Gedicht.

TANZEN	TANZEN	TANZEN	TANZEN	TANZEN
TANZEN	TANZEN	TANZEN	TANZEN	
TANZEN	TANZEN	TANZEN		

Tanzen finde ich gut,
dann bekomme ich richtige Freude.
Wenn ich tanze,
lasse ich gute Witze los.
Wenn ich dann nach Hause komme
und mich hinlege,
schlafe ich gleich ein.

Lautmalende Gedichte ergänzen

Beispiel: Allerlei Schuhe (J. Huber)
Auf der langen Bank stehen die Schuhe.

»Man geht so:
Krrrachchch, krrrachchch, krrrachchch!«
sagen die Herrenschuhe.

»Nein, man geht so:
Tripp trapp tripp trapp tripp trapp!«
sagen die ………………………..

Die Kinder ergänzen sinngemäß:
»Damenschuhe« oder »Kinderschuhe« würden zu den Geräuschen passen.

Man kann auch die Lautmalereien ergänzen lassen:
»Nein, man geht so:
…………………………………………………………,
sagen die Kinderstiefelchen.

Hier passt: trippel, trappel, trippel, trappel
oder: trippel di trappel di trippel di trappel!

Zu Pantoffeln:
schlipp, schlapp, schlipp, schlapp
oder: schlipper, schlapper, schlipper, schlapper

Zu Barfüßen:
pitsch, patsch, pitsch, patsch

Die Turnschuhe:
hei–hoppppp—heiiiiii—hoppp!

Die Stolperschuhe:
tripp-trapp-tripp—plotzzz!

Literarisch Wörter verändern

Ein literarischer Anstoß, um Wörter durch Buchstabentausch zu verändern:

Kettenrätsel (B.H. Bull)
Mein Kind, hast du schon mal bedacht,
wie man aus Besen Nabel macht?
Mit Besen fegst du Stuben rein,
setzt du ein A in ihn hinein
und nimmst ein E ihm dafür fort,
so sind's Verwandte, auf mein Wort.
Am Schluss das N hinweg für L!
Im Schweizerland bist du dann schnell
und stehst in einer großen Stadt,
die ein berühmtes Münster hat.
Machst dann ein B du aus dem S,
so wird daraus – du findest es
sehr schnell – ein Ort im Altertum,
ein Turm gedieh der Stadt zum Ruhm.
Setz N für B am Anfang ein,
dann wird's das Wörtchen Nabel sein.
Da siehst du nun (sei nicht verwirrt),
wie aus dem Besen Nabel wird.
(Aus: »Aus dem Kinderwunderland«, Herder Verlag, Freiburg. 1968)

Die Kinder finden die »Zwischenstationen« zwischen Besen und Nabel heraus und notieren sie
(Wettkampf?)
Besen:
Basen
Basel
Babel
Nabel
Die Kinder erfinden nun analog Veränderungsgeschichten, wie aus Nebel Leber, aus Milch Mus usw. wird. Dies kann auch in Prosa geschehen.

Fantastische Dichtung herstellen

Beispiel: Manchmal denke ich mir, ich wäre …
… aus Eisen
… aus Glas
… allwissend
… ein Elefant
usw.

Die Kinder versuchen, ihre Fantasien, was dann geschähe, welche Vor- und Nachteile das hätte, lustige Begebenheiten zu Papier zu bringen. Zu Poesie wird das Geschriebene, wenn man beispielsweise versucht, einen gewissen Rhythmus in die Sprache zu bringen, Endreime zu finden, eine äußere sichtbare Struktur zu erreichen usw.

Kinder stellen sich vor, sie wären aus Eisen:
Dann brauchte ich keine Kleider, da ich nicht frieren würde.
Mein Bett würde vielleicht zusammenbrechen.
Bei einem Gewitter wäre das sehr gefährlich; da könnte ein Blitz leicht einschlagen.

Poetische Umsetzung mit Endreim:
Gewitter macht mir große Pein:
Ich denk': »Ein Blitz schlägt in mich ein.«

Oder:
Ich bin aus Eisen …
O weh – es blitzt
Da – wieder ein Blitz und noch einer, und noch einer …
Zack, krach, krach, zisch …

> **Variante:**
> Manchmal wünsche ich mir, ich hätte …
> … Flügel zum Fliegen
> … einen Wunsch frei
> … einen riesengroßen Schnurrbart aus Eisen

Ein Beispiel von Josef Guggenmos:
Aus Glas
Manchmal denke ich mir irgendwas.
Und zum Spaß
denke ich mir jetzt, ich bin aus Glas.

Alle Leute, die da auf der Straße gehen,
bleiben stehen,
um einander durch mich anzusehen.

Und die vielen anderen Kinder schrein:
»Ei wie fein!«
»Ich, ich, ich will auch durchsichtig sein.«

Doch ein Lümmel stößt mich in den Rücken.
Ich fall' hin …
Klirr, da liege ich in tausend Stücken.

Ach, ich bleibe lieber, wie ich bin.

Reimen lernen

Jeder kann reimen
Oder doch nicht jeder??

Missratenes Gedicht
Jetzt sitze ich schon Stunden hier
und suche nach dem Reim
(von viertel zwei bis zehn nach vier)
doch mir fällt keiner ein.
(Maar 1988)

Tierreime
(nach J. Guggenmos)
Die Bären brummen,
die Bienen summen,

die Katzen miauen,
es krächzen die Pfauen,

die Mäuse pfeifen,
die Affen keifen,

die Tauben gurren,
die Hunde knurren

....

Und ginge das nicht in einem fort,
kämen die Fische auch zu Wort.
(Krüss 1959)

Die Reime sind sehr einfach strukturiert: Zwei Betonungen pro Verszeile, paariger Endreim, einfacher Inhalt (was Tiere für Laute produzieren). Die Kinder können nun analog beliebige Handlungen von Tieren aufschreiben und zu reimen versuchen. Beispiel:

Die Hunde rennen,
die Katzen pennen.

Die Ziege meckert,
das Schweinchen kleckert.
usw.

Variante:
Wie Tiere sind (nach G. Strohbach)
Der Hai hat scharfe Zähne,
und Krallen hat der Bär.
Der Elch hat eine Mähne,
der Wal ist träg und schwer.
(Krüss 1959)

Solch ein Kreuzreim ist etwas für fortgeschrittene »Reimkünstler« unter den Grundschülern. Man kann ihn auch in Paarreime auflösen:
Der Hai hat scharfe Zähne,
der Elch trägt eine Mähne.

Der Wal ist träg und schwer
und Krallen hat der Bär.

Nun kann man analog dichten (zuerst Paarreime):
Der Stier hat große Hörner
das Huhn frisst gerne Körner.

Der Affe klettert auf den Ast,
die Möwe setzt sich auf den Mast.

Wenn man diese Reime jetzt versetzt hintereinander anordnet, entsteht ein Kreuzreim:
Der Stier hat große Hörner,
der Affe klettert auf den Ast,
das Huhn frisst gerne Körner,
die Möwe setzt sich auf den Mast.

Mit dieser Technik, bei einfachen Versstrukturen zu beginnen, und allmählich die Schwierigkeiten zu steigern, können die Kinder selbst komplexere Gedichte herstellen.

Selbst geschriebenes Clown-Gedicht

Als Lehrerin kann man, z.B. zu einem Bild, selbst ein einfaches Gedicht schreiben und die Kinder Paarreime finden lassen.

»Der Clown«
Siehst du dort den großen Clown?
Ist er nicht lustig … (anzuschaun)?
Mit seinem roten Lockenschopf
und einem Hütchen auf … (dem Kopf).
Die große Nase kugelrund
und einem buntbemalten … (Hund).
Die Hosen sind kariert und weit,
die Schuhe viel zu groß … (und breit).
Er tanzt tollpatschig – alles lacht
und schreit: »Prima, prima … (gemacht)!
Doch, lieber Clown, du fröhlich Haus,
wie sieht es in dir wirklich … (aus)?

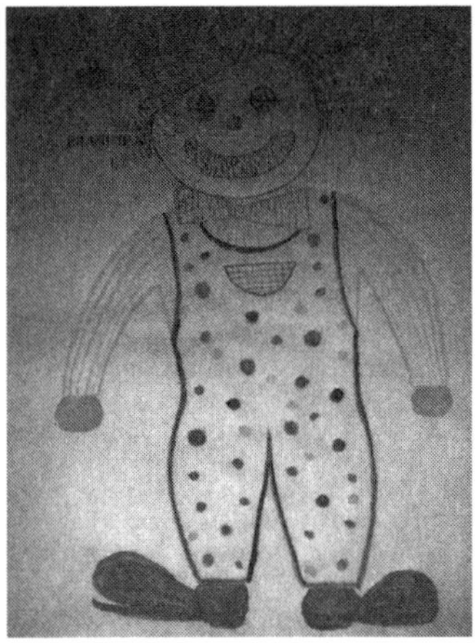

Stabreime: Reimen am Wortanfang (Alliteration)

Die Kinder brauchen Beispiele, um selbst Sätze mit gleichen Anfangsbuchstaben bilden zu können:
Manche Mädchen mögen morgens Mehlspeisen.
Gernot gewinnt gutes Geld.
Gernot grunzt ganz gräulich.
Kleine Kinder kaufen keine Krokodile.
Manchmal mampft Michael Magerquark mit Moosbeeren.
Zehntausend Zikaden zirpen zwischen Zweigen.
Susanne sucht Simon, Simon sucht Sarah, Sarah sucht Simone – soso!

Fantastische Reime weiterdichten

Beispiel:
Das bucklig Männlein
Will ich in mein Gärtlein gehn,
will mein Zwiebeln gießen,
steht ein bucklig Männlein da,
fängt gleich an zu niesen.

Will ich in mein Küchel gehn,
will mein Süpplein kochen,
steht ein bucklig Männlein da,
hat meinen Topf zerbrochen.

Will ich in mein Stüblein geh,
will mein Müslein essen,
steht ein bucklig Männlein da,
hat's schon fast gegessen.

....
....
(Strophen ergänzen!)

Wenn ich an mein Bänklein knie,
will ein bisslein beten,
steht ein bucklig Männlein da,
fängt gleich an zu reden:

Liebes Kindlein, ach ich bitt,
bet fürs bucklig Männlein mit!

Die Kinder erkennen die immer gleiche Handlungsstruktur:
Will ich .... gehn,
will mein .... (tut etwas!)
steht ein bucklig Männlein da,
.... (bucklig Männlein tut etwas)

Reimstruktur: Zeile 2 und 4 reimen sich.
Strophenrhythmus kann durch mitklatschen intuitiv erfasst und beim Weiterdichten überprüft werden.

So entstehen weitere Strophen:

Will ich in die Schule gehn,
will ganz fleißig lesen,
steht ein bucklig Männlein da,
schlägt mich mit dem Besen.

Oder:
Will ich auf den Spielplatz gehn,
an den Fußball treten,
steht ein bucklig Männlein da,
fängt gleich an zu beten.

Kettenreime weiterführen

Beispiel: Es war einmal ein Mann

Es war einmal ein Mann,
der hatte einen Schwamm.

Der Schwamm war ihm zu nass,
da ging er auf die Gass.

Die Gass war ihm zu kalt,
da ging er in den Wald.

Der Wald war ihm zu grün,
da ging er nach Berlin.

Berlin war ihm zu voll,
da ging er nach Tirol.

Tirol war ihm zu klein,
da ging er wieder heim.

Daheim wars ihm zu nett,
da legt er sich ins Bett.

Im Bett war eine Maus,
und die Geschicht ist aus.

Diese Reimverse hängen wie Glieder einer Kette aneinander. Die Kinder können Kettenglieder einfügen, die Kette also länger machen. Sie können aber auch Anfang und Ende der Kette zusammenfügen, die Kette also kreisförmig schließen. Dann gibt es kein Ende mehr.

Variante 1: Kettenglieder ergänzen (Reimverse einfügen)
Entscheidend sind die Reimwörter am Ende der Paarreime. Sie sind einfach, sodass es den Kindern nicht schwer fällt, weitere zu finden:
nass – Gass
kalt – Wald
kahl – Saal
Stein – Bein
usw.

Ein Kind dichtete so:
Es war einmal eine kleine Maus,
die fraß ne große Laus.
Die Maus stieß sich das Bein
an einem großen Stein.
Sie holte sich noch Futter
und traf dabei Herrn Hutter.
Der machte eine Rolle
und verlor ein Stückchen Wolle.
Da kam ein starker Wind
und blies herbei ein Kind.
Das Kind hatte einen Ball,
der platzte mit lautem Knall.
Das Kind lief schnell nach Haus,
und die Geschichte ist aus.
(Michael, 7 Jahre)

Variante 2: Kette schließen
Das Ende wird auf den Anfang zurückgeführt.
Beispielsweise so:
Der Wald war ihm zu grün,
da ging er nach Berlin.

Tirol war ihm zu nass,
da ging er auf die Gass … (usw. da capo …)

Einfache lyrische Formen gestalten

Elfchen dichten

»Elfchen« sind kurze Gedichte mit elf Wörtern in vorgegebener inhaltlicher und äußerer Struktur:
1. Zeile: ein Wort (eine Eigenschaft, z.B. eine Farbe)
2. Zeile: zwei Wörter (ein Gegenstand oder eine Person, das diese Eigenschaft besitzt)
3. Zeile: drei Wörter (wo oder wie ist es, was tut es)
4. Zeile: vier Wörter (»Ich«: Was tue ich, was fühle ich …)
5. Zeile: ein Wort (Schlusswort: Auflösung, Widerspruch, Überraschung)

Dieter Stanik bringt den Bauplan des Elfchens selbst in Elfchen-Form:
Einfach
Der Bauplan
Ein Text entsteht
Ich schreibe ein Gedicht
Elfchen

Joachim Fritzsche hält das Elfchen für den Einstieg in das Schreiben von Lyrik für besonders geeignet, da hier mit dem Vorurteil, Lyrik müsse sich reimen, von vorneherein aufgeräumt wird (Fritzsche, J.: Schreibwerkstatt. Stuttgart 1993, S. 101). Stanik hält für Kinder besonders die Farb-Elfchen für geeignet.

Beispiele (Aus: Stanik S. 26f.)

Grau
Das Wasser
Es fließt schnell
Ich werfe Holzstückchen hinein
Wasserdampfschifffahrt

Blau
Das Meer
Die Wellen rauschen
Ich liege am Strand
Urlaub

Unterrichtsideen zum Elfchen:
Wichtig ist, dass die Kinder aus einer erlebten Situation heraus schreiben. Sie versprachlichen zuerst ihre Emotionen: Beispiel: Gestern war ein schlimmes Gewitter mit Wolkenbruch. Die Kinder erzählen frei. Gefühle werden in Einzelwörtern, Satzbruchstücken und kleinen Aussagesätzen über eigene Handlungen und Gefühle ausgedrückt und aufgeschrieben (Tafelanschrift oder Notizen der Kinder):
Gewitter, Hagel, Regen, Wolkenbruch, Überschwemmung,
eigene Gefühle: Angst, Erschrecken, Zittern.
Was sieht man: Dunkle Wolken, zuckende Blitze, dicke Hagelkörner, rennende Menschen, ausgestorbene Straßen, Wasserfontänen.
Was geschieht: Der Regen prasselt, Wasserbäche laufen durch die Straße, der Hagel knallt auf das Dach, Menschen patschen durchs Wasser.
Handlungen: Ich halte mir die Augen zu; ich krieche unter das Bett; ich flüchte in den Keller.

Eine einfache Aneinanderreihung kann allmählich über Vorformen zur Elfchen-Struktur führen:
Dunkel
Schreckliche Blitze
Ich habe Angst
(»Sechs-chen«)

Die Gedicht-Struktur kann also variieren. Entscheidend ist, dass die Kinder in einer knappen Sprache sich anschaulich und bildhaft ausdrücken und sich selbst (das »lyrische Ich«) mit ihren Gefühlen in Sprache umsetzen. Die Vorformen werden dann zu Elfchen erweitert. Dabei muss die Lehrerin Hilfestellung leisten.

Haikus dichten

Die Vorgehensweise ist dem bei Elfchen ähnlich, jedoch ist die Struktur eines Haikus durch Silben bestimmt: Im strengen Versmaß sind 17 Silben auf drei Zeilen verteilt,
1. Zeile: fünf Silben
2. Zeile: sieben Silben
3. Zeile: fünf Silben
Diese Vorschriften lassen sich aber auch ändern (andere Silbenzahl, Freigabe der Silbenzahl pro Zeile usw.). Ein Haiku beschreibt ein kurzes Naturerlebnis, ein Augenblicksereignis, einen plötzlichen Einfall. Fritzsche charakterisiert das Haiku als »dialektisch« (Fritzsche 1993, S. 102). Es soll also etwas Unerwartetes geschehen, ein Widerspruch im Gedicht sein …

> *Beispiel:* Fische schwimmen dahin, glänzen wunderschön in allen Farben, etwas weiter wartet das Netz des Fischers.
> Ein Mädchen bringt diese Situation in die dichterische Form eines Haikus:
> Schön schimmernder Lachs
> Voll Lebenskraft flussaufwärts
> ins Netz des Fischers

Wichtig ist, dass die Kinder
1. durch das Lesen von stimmungsvoller Lyrik vorbereitet werden.
2. Haikus analysieren.
3. Sich geeignete Situationen ausdenken (strahlender Sommermorgen – der Herbst naht, blühende Blumen – welken, Freundschaft – Streit …).
4. Ausdrücke sammeln und dann die Form finden.

Diese Haikus sind geeignete Aufgaben für eine Freiarbeit oder Differenzierung in der Wochenplanarbeit.

Heike Manthey führt folgende Dichtungen von Grundschulkindern an:
Die schöne Rose,
sie blüht so wunderschön.
Alle sind neidisch.

Der Himmel so blau,
die Vögel singen so schön.
Nun fliegen sie weg.
(Antenne 1997)

Schüttelreime herstellen

Der Weg geht über das Hören und Sprechen von Schüttelreimen und das Herausfinden des dichterischen Vorgehens: Bei einfachen Schüttelreimen werden die Konsonanten einfach ausgetauscht:

Siegfried trank mit Hagen Saft,
dann rülpsten beide sagenhaft:
Hagen Saft – sagen haft

Da Wörter, die bei einem solchen Konsonantentausch noch sinnvolle Wörter ergeben, recht selten sind, liegt es nahe, dass man den Kindern die Wörter vorgibt und sie dann Reime schreiben lässt:

Warzen-Schwein
schwarzen Wein

Leute machen
Meute lachen

Rabe kühl
Rübe kahl

Schein geraubt
eingeschraubt

Vorgegebene lyrische Formen variieren

Umdichten eines alten Kinderreimes

Morgen Früh um sechs ... *(Aus: Hexenfibel)*

Eine Einleitung zum Bilderbuch:

LIEBE KINDER!

Es war einmal an einem schönen Sommermorgen. Die Sonne rieb sich gerade den Schlaf aus den Augen, als ich in den geheimnisvollen Märchenwald kam. Leise, ganz leise ging ich weiter, denn ich hätte gar zu gern ein Zwerglein, ein Elfenkind oder eine Blumenfee angetroffen, um sie für euch abzumalen. Plötzlich rief eine krächzende Stimme:

Mäuseschnapp und Butzelrab
lustig, lustig, trab, trab, trab
helbet eure Beine auf,
es beginnt der Tageslauf!

Wie bin ich da erschrocken! Und angst und bange wurde mir, als eine Hexe aus dem Gebüsch humpelte. Schnell versteckte ich mich hinter einem Baum. Hu! Wie furchtbar sah die Hexe aus: in ihrem Gesicht funkelten zwei große Augen, darunter hing eine riesige rote Nase mit einer Warze drauf und aus dem Mund stand schief ein

Wackelzahn, der so groß war wie euer kleiner Finger. In der Hand hielt sie ein langes Messer, auf ihrer Schulter hockte der dicke Kater Mäuseschnapp und hinterher hoppste der schwarze Butzelrab.

Zuerst wollte ich vor Schreck davonlaufen, aber ich wurde dann doch neugierig und schlich der Hexe vorsichtig nach, um zu sehen, was sie Schreckliches vorhabe. Sie humpelte weiter in den dunklen Wald, bis sie vor einem kleinen Häuschen Halt machte, mit einem großen silbernen Schlüssel aufschloss und darin verschwand. Schnell sprang ich nun an das Fenster, um sie weiter zu beobachten – und wisst ihr, was ich da Schreckliches gesehen habe? -

Gar nichts! Das heißt gar nichts Schlimmes. Ich sah eine saubere Hexenküche, in der die alte Hexenmutter anfing fleißig zu arbeiten. Sie putzte, machte Kaffee, hackte Holz, schürte das Feuer und dann kochte sie das Mittagessen. Sie machte das alles wie eure Mutter zu Hause.

Ich war ganz erstaunt, denn ich hatte nicht gedacht, dass es fleißige und ordentliche Hexen gibt. Und als sie dann um die zwölfte Stunde alle Kinder zum Essen einlud, da wusste ich, dass hier eine Hexenmutter wohnte, die wohl ein hässliches Gesicht, aber ein gutes Herz hatte. Rasch nahm ich Pinsel und Farbe, malte alles, was ich gesehen hatte, um damit allen braven Kindern eine Freude zu machen.
So entstand die »Hexenfibel«.

(Einleitung zur »Hexenfibel«, Neustadt a. d. H. 1947)

Die Kinder werden durch eine Einleitung in dieser Art auf den Inhalt vorbereitet. So sind sie in der Lage, die Paarreime entweder selbst zu Ende zu dichten oder vorgegebene Reime umzudichten.

Morgens früh um sechs kommt die (alte Hex')
Morgens früh um sieben schält sie (gelbe Rüben)
Morgens früh um acht wird (Kaffee gemacht)
Morgens früh um neun geht sie (in die Scheun)
Morgens früh um zehn macht sie (Holz und Spän)
Feuert an um elf, kocht dann bis (um zwölf)
Fröschebeine, Krebs und Fisch
Hurtig Kinder, kommt (zu Tisch)

Eine Variante kann darin bestehen, die Tätigkeiten einer »modernen Hexe« zu reimen:

Morgens früh um sechs kommt die junge Hex.
Morgens früh um sieben muss sie ihr Auto schieben.
Morgens früh um acht Uhr zehn muss sie schnell ins Büro gehn.
Morgens früh um neun Uhr dreißig tippt die junge Hexe fleißig.
Zwölf Uhr geht sie schnell nach Haus, denn Sohn Klaus hat Schule aus.

Eine Art »Parallelgedicht«:
Morgens früh um sechs*(U. Layes-Meyer)*
kommt die alte Hex.
Morgens früh Punkt sechs Uhr zehn -
höchste Zeit, um aufzustehn!
Null Bock auf Schule, Paukerei,
das Brötchen schmeckt nach Einerlei.
Morgens früh um sieben
schabt sie gelbe Rüben.
Ratz und Rübe, Rübezahl, Rappelkiste, Marterpfahl,
Hexen machen, was sie wollen,
Schüler tun nur, was sie sollen.
Busfahrer motzt uns muffig an.
Ob ich noch Deutsch abschreiben kann?
Morgens früh um acht
wird Kaffee gemacht.
Schlag acht. Der Unterricht geht los.
Schreibt man die Nomen alle groß?
Diktate, Mathe, Schreiben, Lesen –
Hätt' ich jetzt nur 'nen Hexenbesen,
zum Baumhaus — hui – in wildem Flug
»Jan, lies im Buch! Geträumt genug!«
Morgens früh um neun
geht sie in die Scheun.
Wer läuft da in den Gängen rum?
Wenn du nicht aufpasst, bleibst du dumm!
Wer das nicht weiß, bekommt 'ne Sechs! –
Wie schön hast du's doch, kleine Hex!
Hexensprüche müsst man wissen:
Eins, zwei – Schule abgerissen!
Morgens früh um zehn
holt sie Holz und Spän.
Holz, Bäume, Gräser, Tannenduft –
Hexen hausen mittendrin.
Holz: Tische in verbrauchter Luft –
Warum ich bloß in der Schule bin?
Feuert an um elf,
kocht dann bis um zwölf
Fröschebeine, Krebs und Fisch.
Hurtig, Kinder, kommt zu Tisch!
Karten, Ziffern, Bilder, Wörter,
Bücher, Fotos, Zahlen, Text,
elf Uhr, zwölf Uhr – wie verhext!

Kommt, ihr Kinder, Groß und Klein,
kommt, stopft Wissen in euch rein,
in den Kopf, bis er fast bricht –
glücklich seid ihr dadurch nicht,
glücklich seid ihr sicher nicht.

Verszeilen ordnen

Beispiel: Eislauf *(A. Holst)*

(1) Heute, Kinder, wolln wirs wagen!
Heute wird das Eis wohl tragen.

(2) Müllers Max und Schneiders Fritze
mit der braunen Pudelmütze.

(3) Eins – zwei – drei und wie der Blitz –
Bums! Da liegt der Schneider Fritz!

(4) Hoch das Bein und kühn im Bogen
kommen sie herangeflogen.

(5) Wie sie schwenken und sich drehn!
Habt ihr so was schon gesehn?

(6) Darum los, wer laufen kann!
Mütze auf und Schlittschuh an!

Die Kinder können nach dem Ablauf der Geschichte ordnen.

Limericks umdichten

Limericks sind Nonsens-Gedichte in einer strengen Reimform a-a-b-b-a und mit einem festgelegten Betonungsrhythmus in jeder Zeile. Es empfiehlt sich, die Kinder Limericks hören und sprechen zu lassen, damit sie sich einfühlen und einhören. Dann kann man das Reimschema erarbeiten. Schließlich gelingt es manchen Kindern, Limericks umzuformen. Beispiel:

Ein Mädchen, geboren in Bingen,
das konnte ganz wunderbar singen.
Doch Lesen und Schreiben
ließ es lieber bleiben.
Das wollte ihm gar nicht gelingen.

Hier könnte man die Zeilen 3 und 4 abändern:
Reimwörter: lieber – Fieber
Doch hatte es Fieber,
dann ruhte es lieber.
Das wollt' ihm dann besser gelingen.

Ein Mädchen vom Ufer des Inn,
das fiel einmal ganz plötzlich hin.
Es fiel, nein es foll,
es fillte ganz toll.
Ach nein, das macht keinen Sinn!

Auch hier bietet sich eine Veränderung der Unsinnzeilen 3 und 4 an,
etwa der Art:
es fiel und es fell,
es fallte ganz schnell.
oder: es füll und es fall,
mit ganz lauten Knall.

Lautliche Analogien erdichten

Beispiel: Sprechübungen für angehende Schauspieler *(M. Lobe)*
Es sprach der Aal
im Futteral:
»Der Saal ist kahl.
Zum letzten Mal
grüß ich im Tal
den Pfahl aus Stahl.«

Die Kinder können auf dieses a-Gedicht mit einem o-Gedicht antworten. Eine Vorübung besteht darin, Wörter mit möglichst vielen o zu finden:
Floh, so, Zoo, Clo, wo, Bordeaux, Rollo …

So entsteht in analogen rhythmischen Strukturen etwa diese Form:
Es sprach der Floh
im tiefen Clo
Wo ist der Zoo
dort in Bordeaux
wo wo so so?

Nonsensgedichte variieren

Beispiel: »Wenn der Mops mit der Wurst übern Spucknapf springt«. Dieses Gedicht kann dadurch variiert werden, dass man die Substantiva (damit die Handlungsträger) austauscht. Es entstehen immer neue komische Varianten der Ausgangsstrophe.

Diese Variationen können von den Kindern auch bildlich ausgestaltet werden.
Variation 1:
Wenn der Storch mit dem Mops
übern Spucknapf springt
und der Frosch in der Luft
die Wurst verschlingt usw.

Klapphornverse

Klapphornverse sind Nonsensdichtungen mit vier Zeilen und paariger Reimung, wobei sich lustige oder überraschende Wendungen der Handlung einstellen, die den Leser zum Lachen bringen sollen. Meist klingen die trivialen Verse ohnehin komisch.
Original:
Zwei Knaben gingen durch das Korn,
der andere blies das Klappenhorn.
Er konnt' es zwar nicht richtig blasen,
doch blies er es wenigstens einigermaßen.

Variante:
Zwei Mädchen gingen durch das Korn,
sie fanden ein verbogenes Horn.
Da fingen sie an zu pusten
und kriegten gleich den Husten.
(Aus: Wedel-Wolf, A.: Gedichte regen zum Schreiben an. In: Praxis Grundschule Heft 5/1992).

Die Kinder können sich solchen Nonsens-Versen nähern, indem sie
1. Klapphornverse lesen und laut sprechen,
2. dabei sich in die rhythmische Struktur einfühlen,
3. Varianten probieren,
4. von kleineren Veränderungen zu ganz neuen Versen kommen.

Kleine Veränderungen:
Ersetzen der Orte durch andere:
... durch den Busch,
... durch den Park,
... durch den Wald.

Zwei Knaben gingen durch den Park
(was reimt sich nun: stark, Sarg, arg ...)
Den einen stachen die Mücken arg.
(Nun kann kommen: den anderen ...)
Den anderen stachen sie ärger
(darauf reimt sich: stärker,)

Drum wurd' er doch nicht stärker.
Oder ein ganz anderes Handlungsschema:
Zwei Mädchen stiegen auf den Baum,
sie wollten beide Äpfel klaun.
Sie fanden keinen Appel,
der Baum, der war 'ne Pappel.
(A. Wedel-Wolf)

Anfänge von Klapphornversen:
Zwei Mädchen gingen an den Strand.
Zwei Knaben rennen um den Baum.
Zwei Mädchen rasen durch das Feld.
Zwei Buben springen in den Teich.
Zwei Affen flohen aus dem Zoo.

Gebrauchslyrik

Beispiel: Werbesprüche
Im Fernsehen oder Radio hört man, in Zeitschriften, Zeitungen, auf Werbeplakaten und im Internet liest man Werbesprüche für Produkte, meist flott gereimt und einprägsam. Die Kinder kennen sicher etliche:
Müller-Milch macht's möglich (Stabreim: Alliteration)
Hab' stets K2r zur Hand, der Fleck geht weg ganz ohne Rand.
Nichts ist unmöglich: Toyota! (Verdichtung der Aussage)
Ford: Die tun was! (einprägsamer Sprechrhythmus)
Katzen würden Whiskas kaufen (Sprechrhythmus, Alliteration des 1. und 4. sowie 2. und 3. Wortes)

Werbesprüche mit Hilfe des Telefonbuchs (»Telefonbuch-Gedichte«): Die Kinder können aus dem Telefonbuch Firmennamen heraussuchen und aussagekräftige Werbesprüche dichten. Dabei ist auf das hergestellte Produkt oder die anzupreisende Dienstleistung zu achten. Beispiele (aus dem Telefonbuch Landau/Pfalz):
Treppen-Trautwein: Treppen-Trümpfe!
Versicherungen Hawyschko vermeiden jedes Risiko.
Kannst du bei Zotz ein Auto kaufen, musst du nie mehr zur Arbeit laufen.
Autos von Mayr sind gar nicht teuer.

»Gegen«-Werbung:
Wer einmal »Geißler-Reisen« wählt, dem bald das nötige Kleingeld fehlt.
Suchst du ein Auto für die Reise, hat Auto-Blitz die höchsten Preise.

Abzählverse umdichten

Die Kinder sprechen einen Abzählvers und zählen ab. Sie stellen über diesem Spiel die Betonungen fest und können sie auszählen. Beispiel:
Ene mene minke tinke
wade rade rollke tollke
wiggel waggel weg.

Dem entspricht die Betonungsstruktur:
1 und 2 und 3 und 4 und,
1 und 2 und 3 und 4 und,
1 und 2 und 3.
Es ergeben sich also 4 Betonungen in den ersten beiden Zeilen, drei in der letzten, mit dem wichtigen Schlusswort weg (Endbetonung). Dem entspräche beispielsweise:
Annchen Dannchen Dittchen Dattchen,
wenne, denne, relle, ralle,
wibbel, wabbel, weg.

Über Vergleich der beiden Abzählverse können die Kinder die gleiche Abzählstruktur feststellen und dann mit den Versen spielen, z.B. Zeilen austauschen oder durch andere ersetzen.

Zungenbrecher umdichten

Die Kinder erkennen das Prinzip von Zungenbrechern: die Abfolge von gleichen und/oder ähnlichen Lauten, beispielsweise von F, Fl, Fr – Sch, S – Sch, Schl usw. oder schwierige Vokalfolgen. Sie finden dies, indem sie auf ihre Fehler beim Sprechen achten. Nun bilden sie analoge Verse.

1. Beispiel:
Fischers Fritz fischt frische Fische.
Analog:
Försters Franz fängt flache Flundern.
Feiners Friedel fährt fleißig Fahrrad.

2. Beispiel:
Hinter Hermann Hannes Haus
hängen hundert Hemden raus,
hundert Hemden hängen raus
hinter Hermann Hannes Haus.

Variation durch Austausch des Namens:
Hinter Hubert Hamsters Haus
hängen hundert Hemden raus,
hundert Hemden hängen raus

hinter Hubert Hamsters Haus.
Variation durch zusätzlichen Austausch des Gegenstandes:
Hinter Hubert Hamsters Haus
hängen hundert Hosen raus,
hundert Hosen hängen raus
hinter Hubert Hamsters Haus.

Lautliche Veränderungen
Die Kinder erbauen sich an Lautspielereien.

Beispiel:
Drei Chinesen
Drei Chinesen mit dem Kontrabass
saßen auf der Straße und erzählten sich was.
Da kam die Polizei, ja was ist denn das?
Drei Chinesen mit dem Kontrabass!

Vokalaustausch: a, e, i, o, au, ei ...
(Dri Chinisin mit dim Kintribiss ...)

Wenig bekannt sind Konsonantenveränderungen:
Beispiel: Alle Wortanfänge mit dr
Drei Drinesen drit drem Drontradrass
draßen drau drer Draße ...

Der Veränderungsspaß kann auch an anderen, nicht unbedingt ernsthaften Gedichten erprobt werden; vielleicht befällt die Kinder eine richtige Veränderungswut. Alle mögliche Gedichte werden auf die Möglichkeit des Vokalaustauschs des Endreims untersucht.

Beispiel: Das Namen-ABC *(L. Blumenstock)*
Ayla sammelt alte Dosen.
Benno trägt gern bunte Hosen.

Carmen schwärmt für coole Sachen.
Dominik muss dauernd lachen.

Eva ekelt sich vor Schlangen.
Ferdinand lässt sich nicht fangen.

Grit gewinnt die größte Puppe.
Hans mag heute keine Suppe.

Isabel sitzt im Versteck.
Jens jagt jede Fliege weg.

Katrin kitzelt ihren Kater.
Leon läuft zu seinem Vater.

Monika mampft Marmelade.
Nils nascht nachts noch Schokolade.

Otti fällt im Schnee, o weh!
Peter paddelt auf dem See.

Quenda quatscht und quasselt viel.
Rudi rennt ganz schnell durchs Ziel.

Sara sitzt meist auf dem Sofa.
Timo träumt von einem Mofa.

Ursula schwitzt unter Decken.
Volker will sich rasch verstecken.

Winni hat ’ne weiße Maus.
Xaver schreit: »Verflixt, hinaus!«

Yola spielt gut Xylofon.
Zacharias zaubert schon.

Veränderungen an den Endreimwörtern ergeben meist lustige Klänge:
Carmen schwärmt für coole Suchen.
Dominik muss dauernd luchen.

Noch wirkungsvoller ist es, wenn der Vokalaustausch zu anderen Wörtern führt, die nicht passen:
Ayla sammelt alte Dasen.
Benno trägt gern bunte Hasen.

Carmen schwärmt für coole Seuchen.
Dominik muss dauernd leuchen.

Otti fällt im Schnee, o wau!
Peter paddelt auf dem (der) Sau.

Gedichte erweitern

Dies kann bei Gedichten mit einfacher Struktur versucht werden.

Beispiel: Wann Freunde wichtig sind *(G. Bydlinski)*
Freunde sind wichtig
zum Sandburgen bauen,
Freunde sind wichtig,
wenn andere dich hauen.

Freunde sind wichtig
zum Schneckenhaus suchen,
Freunde sind wichtig
zum Essen von Kuchen.

Vormittags, abends,
im Freien, im Zimmer …
Wann Freunde wichtig sind?
Eigentlich immer!
(Bartl/Wickler 1993)

Gedichte sinngemäß verändern

Gedichte ohne Endreim lassen sich verändern, wenn man die Struktur beachtet und in einer bildhaften Sprache bleibt.

Beispiel: Humorlos *(E. Fried)*
Die Jungen
werfen
zum Spass
mit Steinen
nach Fröschen.

Die Frösche
sterben
im Ernst.

Die Zeilengliederung erleichtert die Veränderungen. Die Kinder setzen aus einem Angebot von »Ersatzstücken« für jede Verszeile passende ein und erfinden gegebenenfalls eigene passende Veränderungsmöglichkeiten, die sinnvoll sind. Erhalten bleiben nur die Gegensätze »zum Spaß« – »im Ernst«.

Ersatzstücke

Die Jungen – die Mädchen
werfen – treten – schlagen – hauen
mit Steinen – mit Stöcken – mit Füßen – mit Händen
nach Fröschen – nach Fliegen – nach Katzen – nach Hunden – nach Spinnen

Die Frösche – die Fliegen – die Katzen – die Hunde – die Spinnen
sterben – leiden – sind verletzt – schreien

So kann sich folgende Variante ergeben:
Die Mädchen
treten
zum Spaß
mit Füßen
nach Katzen.

Die Katzen
leiden
im Ernst.

Reihum-Gedichte

Reihum-Gedichte sind etwas für geübte Schreiber (siehe auch: *Mosler/Herholz, ^{2}1992*)

Die erste Zeile wird vorgegeben. Dann schreibt der nächste Schreiber eine sich reimende Zeile dazu, sowie eine nächste, die wieder die erste Zeile eines Paarreimes ist. Der knickt das Papier so, dass nur die letzte Zeile zu sehen ist. Der nächste Schreiber verfährt dann genauso. Am Ende ergibt sich eine überraschende Versfolge.

Beispiel:
Die Schule beginnt.

Das weiß jedes Kind.
Wir haben jetzt Schreiben.

Das kann so nicht bleiben.
Das Brot ist zum Reiben.

Die Wurst ist zum Essen.
Da hab ich gesessen.

Das ist doch mein Sitz.
Komm, mach keinen Witz!
usw.

Buchstaben-Gedichte

Beispiel: Alles mit m *(G. Nehm)*
Moritz möchte Mäuse melken,
doch die Finger sind zu dick.
Moritz möchte Monster malen,
dazu hat er mehr Geschick.

Moritz möchte musizieren,
davon ist er ganz beseelt.
Moritz möchte Müsli mampfen,
geht nicht, weil der Löffel fehlt.

Moritz möchte manchmal meckern,
wenn ihm was zum Hals raushängt.
Moritz möchte manches machen,
wenn es nur mit m anfängt.
(Aus: Mosler/Herholz ^{2}1992)

Geübte »Dichter« können die Anfangsbuchstaben variieren und Verse schmieden, vielleicht auch im Kreuzreim (a-b-a-b):
Minni malt mit Magerquark.
Das gefällt ihr gut.
Manfred mag mich mehr als Mark,
mit dem neuen Hut.

Ein Gedicht mit Löchern

Aus einem einfachen Gedicht werden Wörter, Wortteile herausgenommen oder einfach mit einem Radiergummi Teile gelöscht(also »Löcher« gemacht). Die Kinder sollen das Gedicht ergänzen. Im Laufe der Zeit kann der Schwierigkeitsgrad gesteigert werden.

Beispiel: Novemberwetter *(J. Krüss)*
Klitsch, klitsch, klatsch,
der Hund .... in den Matsch.
Die Gretel, die am We ....,
die heult, denn sie ist vollgespritzt.
Klitsch, klitsch, klatsch,
das ist .... matsch

Klick, klick ....
der Pudel rollt im Dreck.
Und als der Pudel kommt ....,
da sieht der wie ein Igel ....
Klick, klick, kleck,
das ist November ....

Plim, plim, plam,
wir waten ....
Die Damen rufen: Ih und huh!
Die Herren tragen ....
Plim, plim, plam,
das ....

Konkrete Poesie herstellen

Konkrete Poesie
Einstiegsmöglichkeit
Beispiel: 1 2 3 Zahlenzauberei *(H. Wohlgemuth)*
Es behaupten Ruth und Klaus:
»Seht, so sieht ein Einbaum aus.«

II
    IIII
    IIIII
    IIIIIII
    II

Peter meint: »Was ich euch zeig,
ganz bestimmt ist das ein Zweig.«

2g

Inge sagt: »Der letzte Schrei
ist mein Dreispitz, 11 mal drei.«

 3
3
3
333
33333

(Aus: Bachmann/Chiout/Steffens 1972)

Die einfachste Möglichkeit, die Anregungen aufzunehmen und handelnd umzusetzen, steckt in »2g«.
Die Kinder erfinden Kombinationen mit Zahlen, die Wörter ergeben:
Dies gelingt leicht mit 8:
be8en
8ung
Ver8ung
ich d8e

Kinder setzen sich mit konkreter Poesie auseinander, die eine Aussage durch visuelle Formen ausdrückt.

Beispiel: Die Trichter *(C. Morgenstern)*
Zwei Trichter wandeln durch die Nacht.
Durch ihres Rumpfs verengten Schacht
fließt weißes Mondlicht
still und heiter
auf ihren
Wald-
Weg
u.s.
w.

Für Kinder ist es leicht, mit Wörtern eine bestimmte Form zu gestalten, ohne dass sprachliche Satzbildungsregeln eingehalten werden müssen. Beispiel: Strandbild mit Palmen, Sonne, Vögeln …

Gedichte in Form bringen

Die Technik besteht darin, ein Nomen zu erweitern, auszuspinnen, und es dann wieder zurückzuführen. *Beispiel:* Rautengedicht

Herbst
Herbstzeitlose
Herbstzeitlosen blühen
Herbstzeitlosen blühen lila
Herbstzeitlosen verblühen
Herbstzeit
Herbst

Gedichte malen Bilder

Ursula Wölfel malt mit dem Gedicht »Schaukelspaß« die Schaukelbewegungen. Sie imitiert in der Gedichtform durch kurze, dann länger und am Schluss wieder kürzer werdende Zeilen den sich verändernden Schwung der Schaukel:

Los
stoß!
Und nun flieg ich
und bieg mich
zurück und vor
und der Wind saust im Ohr,
und nun hin – und nun her,
ich bin leicht – ich bin schwer!
Und jetzt fliege ich, steige ich, steige ich auf!
Und falle und falle – und wider hinauf
und mit Schwung! Und wieder: ich steige! o schau!
Ich Vogel, ich Adler, ich Lerche im Blau!
Und der Himmel ist nun ein Glockendach weit,
Und ich bin der Klöppel und schlage die Zeit!
Und ich schlage die Eins, und ich schlage die Zwei!
Ich steige und falle und fliege vorbei!
Und drei – bum-bom!
Und vier – ich komm!
Und fünf – dang-ding!
Und sechs – ich spring!
Ding – dong – dang
längelang
auf die Nas
ins Gras.

2.2.2 Beispiele einfacher Lyrik sprachspielerischer Art für Kinder (Anregungen zum Nachdichten und Selberdichten)

Abzählverse

Ene mene minke tinke,
wade rade rollke tollke,
wiggel, waggel weg.

Enne denne duppe denne,
duppe denne dalia,
ippe bappe bembio,
bio bio buff.

Annchen, Dannchen, Dittchen, Dattchen,
teber de beber de bittchen battchen,
teber de beber de bu,
ab bist du.

Ätsche bätsche bitsche batsche,
säwwere wäwwere witsche watsche,
säwwere wäwwere wuh,
aus bist du.

Ene, bene, subtrahene,
divi, davi, domino,
Eck, Speck, Dreck,
und du bist weg.

a e i o u,
ab bist du.

Ein Arm ist kein Bein.
Ein Herz ist kein Stein,
Ein Apfel kein Ei,
du bist aus,
dein Spiel ist vorbei!
(Aus: Heitmann 1996, S. 76)

Ich sitze hier und schneide Speck,
und wer mich lieb hat holt mich weg.

Zebre bebre bu,
und ab bist du.

Eine kleine Dickmadam
fuhr mit einer Eisenbahn.
Dickmadam, die lachte,
Eisenbahn, die krachte.
Eins zwei drei,
du bist frei.
(»Ich will euch was erzählen ... 1970)

Einfache Kinderreime

Sieben kleine Meisen (H. Claudius)
Sieben kleine Meisen
saßen auf dem Ast.
Sieben kleine Meisen
hielten kurze Rast.

Sieben kleine Meisen
gaben sich Bericht,
sieben kleine Meisen,
ich verstand sie nicht.

Sieben kleine Meisen
flogen wieder fort
in die blaue Weite.
Und ich blieb am Ort.

Liebe sieben Meisen,
kommt doch wieder her,
liebe sieben Meisen
und erzählt mir mehr.

Wir (I. Bender)
Ich bin ich und du bist du,
wenn ich rede, hörst du zu.

Wenn du sprichst, dann bin ich still,
weil ich dich verstehen will.

Wenn du fällst, helf ich dir auf
und du fängst mich, wenn ich lauf.

Wenn du kickst, steh ich im Tor,
pfeif ich Angriff, schießt du vor:

Spielst du pong, dann spiel ich ping
und du trommelst, wenn ich sing.

Allein kann keiner diese Sachen,
zusammen können wir viel machen.
Ich mir dir und du mit mir –
das sind wir.

Maskenball der Tiere
»Heute feiern auch wir!«
brüllt der Stier.
»Wir wollen lustig sein! grunzt das Schwein.
»Wir wollen trinken!« rufen die Finken.
»Wir wollen tanzen!« rufen die Wanzen.
»Wie ziehen wir uns an?« fragt der Schwan.

»Ich gehe als Frau!« krächzt der Pfau.
»Wann beginnt der Ball?«
flötet die Nachtigall.
»Um die neunte Stund!«
bellt der Hund.
»Wann gehn wir nach Haus?«
fragt die Laus.
»Morgens um viere!«
rufen alle Tiere.

Fritzens ganze Familie
Ich heiße Fritz.
Unser Hund heißt Spitz.

Mieze-Vater
ist unser Kater

Papa heißt Papa.
Mama heißt Mama.

Meine Schwester heißt Ottilie.
Das ist unsere ganze Familie.

Wir hätten noch gern eine Kuh
und ein Pferd dazu.

Fastnacht der Tiere (B. Wächter)
Was machen die Tiere an Karneval? Sie machen einen Faschingsball!
Wie das geht? Seht:
Der Hahn geht als Fliege,
die Fliege als Ziege,
die Ziege als Löwe,
der Löwe als Möwe,
die Möwe als Laus,
die Laus als Maus,
die Maus als Katz,
die Katz als Spatz,
der Spatz als Fuchs,
der Fuchs als Luchs,
der Luchs als Schwan,
der Schwan als Hahn -
jetzt geht der Ball von vorne an.
(Aus: Medo, M.-M. 1998)

Zungenbrecher

Zungenbrecher entstehen durch Abfolge leicht variierter Konsonanten und Konsonantenhäufungen in großer Dichte bzw. durch schwierige Vokalfolgen.

Klitzekleine Kinder können keinen Kirschkern knacken.

Schwarze Borstenbürsten
bürsten besser,
als weiße Borstenbürsten
bürsten.

Schneller Schüler
schlittre schnell,
schlittre schnell,
schneller Schüler!

In Ulm, um Ulm,
und um Ulm herum.

Zwischen zwei Zweiglein
zwitschern zwei Zeislein.

Der Cottbuser Postkutscher
putzt seinen Cottbuser Postkutschkasten.

In Klagenfurt klappern die Klapperstörche klipp, klapp, klapp.
Klipp, klapp, klapp klappern die Klapperstörche in Klagenfurt.

Töpfers Trine trägt tausend Töpfe.
Tausend Töpfe trägt Töpfers Trine.

Der Metzger wetzt sein Metzgermesser
mit des Metzgers Wetzstein.
Mit des Metzgers Wetzstein
wetzt der Metzger sein Metzgermesser.

Schüttelreime
(Austausch von Konsonanten oder auch Vokalen, meist an den Enden der paarig gereimten Verszeilen)

Als wir noch in der Wiege lagen,
da gab's noch keine Liege-Wagen.

Ich sehe schon mit Zittern bange
den Zahnarzt mit der bittern Zange.

Ich will mein Herz an Lotte ketten.
Sie macht die besten Koteletten.

Wenn Lehrer dich mit Zahlen quälen,
kannst du kaum deine Qualen zählen.

Wer andern eine Zange leiht,
vermisst sie dann für lange Zeit.
(E. Roth)

Bei dem Genuss von feinen Buchteln
musst du da mit den Beinen fuchteln?

Erst als lange genug der Wecker gelärmt,
hat sie mir das Frühstück lecker gewärmt.

Der Schnee, den du in Flocken siehst,
mir unten in die Socken fließt.

In der ganzen Hunderunde
sah man nichts als runde Hunde.
(Aus: Christen 1972)

Es klapperten die Klapperschlangen,
bis ihre Klappern schlapper klangen.

Der Lampe ist ihr Schein geraubt.
Die Birne ist nicht eingeschraubt.

Schüttelreime mit Vokalaustausch:
Ihr sollt den neuen Ober ehren!
Trotz seiner großen Eberohren!

Er kündigte den Einzug an
und zog im neuen Anzug ein.

Wisst ihr, was größte Lust der Spatzen ist?
Zu scheißen auf die Welt vom spitzen Ast!

(Siehe zu Arten und Technik des Schüttelreimens: Schüttelrauer Rüttelschauer. Das Buch der tausend Schüttelverse von Reitfloh Widersinn. Wien o.J.)

Limericks

Ein Knabe, er stammte aus Sachsen,
hörte die Grashalme wachsen.
Schon morgens um vier,
erzählte er mir,
vernahm er ein deutliches Knacksen.
(Aus: Nun schlägt es aber Dreizehn. Karlsruhe 1982)

Ein achtjähriges Kind namens Jule,
ging leider sehr ungern zur Schule.
Es blieb einfach weg
und hockte im Dreck
in einer ganz tiefen Kuhle.

»Noten-Gedichte«

Noten, Noten, Noten
Hab ich eine Fünf gebaut,
schimpfen meine lieben Eltern
ziemlich lang und ziemlich laut.

Schreib ich aber eine Zwei,
fragen die aus meiner Klasse,
ob ich wohl ein Streber sei.

Am besten, alle Noten
würden streng verboten!

Notenbeschwörung
(nach Abgabe der Klassenarbeit zu murmeln)
Hirsche und Schweine
haben vier Beine,
mein Goldfisch hat kein's,
ich will eine EINS!

Notenbeschwörung
(für etwas bescheidenere Schüler)
Krötenbeine,
Hungersteine,
Rabenschnäbel,
Räubersäbel,
Drachenblut
und Echsenei:
Ich bekomm die Note 2!
(Maar 1988)

Blumenorakel

(zum Abzählen an Blütenblättern)

Er liebt mich –
von Herzen,
mit Schmerzen,
über alle Maßen,
kann gar nicht von mir lassen,
ganz heimlich,
ein wenig,
klein wenig,
fast gar nicht!

Lügendichtung

Ich will euch singen und will nicht lügen:
Ich sah drei gebratene Hühner fliegen,
sie flogen also schnelle,
sie hatten die Bäuche 'gen Himmel gekehrt,
die Rücken nach der Hölle.

Ein Amboss und ein Mühlenstein,
die schwammen zusammen über den Rhein,
sie schwammen also leise,
da fraß ein Frosch einen glühenden Pflug
zu Pfingsten auf dem Eise.

Eine Kuh, sie saß im Schwalbennest
mit sieben jungen Ziegen,
die feierten ein Jubelfest
und fingen an zu fliegen.
Der Esel zog Pantoffeln an,
ist übers Haus geflogen,
und wenn das nicht die Wahrheit ist,
so ist es doch gelogen.
(Siehe auch die Sammlung »Ich will euch was erzählen … Leipzig 1970)

Dunkel war's, der Mond schien helle,
als ein Wagen blitzesschnelle
langsam um die Ecke fuhr.
Drinnen saßen stehend Leute,
schweigend ins Gespräch vertieft,
als ein totgeschossner Hase
auf der Sandbank Schlittschuh lief.

Und ein blond gelockter Jüngling
mit kohlrabenschwarzem Haar
saß auf einer blauen Sitzbank,
die rot angestrichen war.

Neben ihm 'ne alte Schachtel,
zählte kaum ein halbes Jahr,
in der Hand 'ne Buttersemmel,
die mit Schmalz bestrichen war.
(Ich will euch was erzählen. Deutsche Kinderreime. Leipzig 1970)

Verkehrte Welt
Des Abends, wenn ich früh aufsteh,
des Morgens, wenn zu Bett ich geh,
dann krähen die Hühner, dann gackert der Hahn,
dann fängt das Korn zu dreschen an.

O weh, wie sind mir die Stiefel geschwollen,
dass sie nicht in die Füße rein wollen!
Nimm drei Pfund Stiefel und schmiere das Fett,
dann stelle mir vor die Stiefel das Bett!

Die Donau ist ins Wasser gefallen,
der Rheinstrom ist verbrannt,
da ist der Wiener Kirchenturm
mit Stroh zum Löschen gerannt.

Rätselreime

Erst weiß wie Schnee,
dann grün wie Klee,
dann rot wie Blut,
schmeckt allen Kindern gut.
(Kirsche)

Im Häuschen mit fünf Stübchen,
da wohnen braune Bübchen.
Nicht Tür noch Tor führt ein und aus,
wer sie besucht, der isst das Haus.
(Apfel)

Es hängt an der Wand,
reicht jedem die Hand.
(Handtuch)

Draußen steht ein weißer Mann,
der sich niemals wärmen kann.
Wenn die liebe Sonne scheint,
steht der weiße Mann und weint,
wird klein und immer kleiner.
Sagt mir, was ist's für einer?
(Schneemann)

Wenn man mich sieht,
so sieht man mich nicht.
Sieht man mich nicht,
so sieht man mich.
(Finsternis)

Ich kenn ein kleines braunes Tier,
die Nüsse knackt es mit Begier.
Es klettert schnell von Ast zu Ast,
und wenn es springt, dann fliegt es fast.
(Eichhörnchen)

Welche Blumen mögen die Sonne nicht?
(Eisblumen)

Im Felde sitzt ein kleiner Mann,
der hat ein graues Fellchen an.
Er nascht gar gern am grünen Kohl,
nun sag mir schnell: wer ist das wohl?
(Hase)

Alle Tage geh ich aus,
bleibe dennoch stets zu Haus.
(Schnecke)

Wie heißt das Ding dort an der Wand?
Es schlägt und hat doch keine Hand,
es hängt und geht doch fort und fort,
es geht und kommt doch nicht vom Ort.
(Uhr)

Rate, rate, rate:
Es hängt an einem Drahte
und nicht an einem Spieß,
rate, wie es hieß.
Magdeburg ist eine Stadt,
die das Ding nur einmal hat,
es ist nicht in Wien,
sondern in Berlin,
und nicht in Sizilien,
sondern in Arabien,
es ist nicht in der Haut,
sondern in der Braut,
der Richter hats hinten und vorn,
der Bauer hats mitten im Korn,
und Lieschen hats gar nicht,
und Gretchen hats hübsch und fein –
was mag das für ein Ding wohl sein?
(Das »R«)

Elfchen

(ein kurzes Gedicht aus elf Wörtern, auf fünf Zeilen verteilt)

Rascheln
im Wind
hin und her
Blätter fallen zu Boden
Herbst

Sonne
weißer Strand
einsam und leer
Muscheln umspült vom Meer
Wunschtraum

Schwarz
der Wald
ich gehe schneller
die Stille lebt laut
Angst

Sommerbunt
eine Wiese
Duft unzähliger Blüten
Summen und Zirpen ringsumher
Unkraut

Wild
die Wellen
auf und ab
Es schaukelt so sehr
seekrank
(Heitmann 1996)

Grün
der Salon
Hier gibt's Essen
Ich habe großen Hunger
Klassenfahrt

Klapphornverse

»Klapphornverse bestehen aus vier paarig gereimten Zeilen, wobei die überraschende Weiterführung im zweiten Verspaar eine komisch-nonsenshafte Wirkung erzeugt.« (Heitmann 1996, S. 92). Der Original-Klapphornvers erschien 1878 in der satirischen Zeitschrift »Fliegende Blätter«. Er stammte von dem Göttinger Notar F. Daniel. Er löste einen wahren Boom von Nachdichtungen aus. Die Bezeichnung »Klapphorn-Verse« ist auf einen Klappenhorn spielenden »Knaben« in der zweiten Zeile der Original-Dichtung zurückzuführen.

Das Original:
Zwei Knaben gingen durch das Korn,
der eine blies das Klappenhorn.
Er konnte es zwar nicht ordentlich blasen,
doch blies er's wenigstens einigermaßen.

Eine frühe Variante:
Zwei Knaben gaben sich einen Kuss,
der eine, der hieß Julius.
Der andere hieß Gretchen,
ich glaub', das war en Mädchen.

Sprechdichtungen

Lied des Raben Ralf (C. Morgenstern)
Tor! tor! tor!
broxak! broxak!
Kokoloko! kokoloko!

Serbo – serbo -
broxak! broxak!
kokrekolo! krekloko!

Kar! kar! kar!
broxak! broxak!
Kalakaka! kralkaka!

Klein Rotraut (S. Kilian)
Die kleine zarte Rotraut
war ganz verrückt auf Rotkraut.
Die Mutter hatte ihre Not!
Vom Frühstück bis zum Abendbrot
schrie Rotraut:
»Ich will Rotkraut.«
Von ihrem dummen Rotkrauttick
da wurde sie ganz rot und dick.
Und eines Tages, welch ein Schreck,
da war die kleine Rotraut weg,
war die Rotraut
ein Rotkraut.

Kriegslied des Dakotahäuptlings Regengesicht (C. Reinig)
Regen regnet, regnet Regen,
regnet Regen ins Gesicht.
Regnet Regen keinen Regen,
regnet Regen Regen nicht.

Regenpfeifer pfeift dem Regen,
pfeift dem Regen ins Gesicht,
warum Pfeifer pfeift dem Regen,
wissen Pfeif und Regen nicht.

Der Uhu und die Unken. Ein u-Gedicht (J. Krüss)
Sieben dumme Unken munkeln:
Unke punke u ru ru,
in dem Brunnen, in dem dunkeln
sitzt ein schwarzer Marabu.

Uhu Schuhu hört sie munkeln,
unke punke u ru ru,
und lugt runter in den dunkeln
Brunnen mit den Augen gluh.

Doch nach einer Viertelstunde,
unke punke u ru ru,
brummt er : Auf dem Brunnengrunde
ist kein schwarzer Marabu.

Nur die runden Brunnensteine
unke punke u ru ru,
malen in dem fahlen Scheine
Schatten wie ein Marabu.

Klatsch und Tratsch und Unkenmunkeln,
unke punke u ru ru,
wuchern immer nur im Dunkeln.
Besser ist, man hört nicht zu.

Sehgedichte

Mein Ball (J. Guggenmos)
Mein Ball
zeigt, was er kann,
hüpft
hoch wie ein Mann,
dann
hoch wie eine Kuh,
dann
hoch wie ein Kalb,
dann
hoch wie eine Maus,
dann
hoch wie eine Laus,
dann
ruht er sich aus.

Nonsens-Dichtungen

ottos mops
ottos mops trotzt
otto: fort mops fort
ottos mops hopst fort
otto: soso

otto holt koks
otto holt obst
otto horcht
otto: mops mops
otto hofft

ottos mops klopft
otto: komm mops komm
ottos mops kommt
ottos mops kotzt
otto. ogottogott

Ungenügend (J. Guggenmos)
Ich kannte einen Regenwurm,
der sich drei Mal kringelte,
wenn man drei Mal klingelte.
Doch sprach Professor Friedrich Stur:
Das reicht noch nicht zum Abitur.

Vier … (J. Spohn)
Ein Murmeltier
zum Murmeltier:
Wie wär's mit einem Murmelbier,
gleich hier bei mir?
Ein Murmelbier,
zwei Murmelbier,
drei Murmelbier,
vier …

Seither gibt es
bei Murmeltieren
(vom vielen Murmelbierprobieren)
nur Milch und Brot
und — Bierverbot!

Die Kau (J. Guggenmos)
Ich kannte eine Kuh,
sie lag auf der Wiese
in himmlischer Ruh.
Ich sah ihr stundenlang zu,
wie sie Kau–gummi,
Kau—gummi
kau—te
die Kau—,
nein die Kuh,
die Kau—,
ja, die Kau—,

ja, die Kau—gummi,
Kau—gummi,
Kau—gummi
kau—ende
himmlische Ruh.

Sie tat es! (J. Guggenmos)
Susanne, ein Mädchen aus Genf,
verzierte den Kuchen mit Senf
sowie mit dem Rest des Spinates.
Ja, tut man das? Doch, sie tat es!
Sie tat es! Sie tat es! Sie tat es!

Eletelefon (L.E. Richards)
Es war einmal ein Elefant,
der griff zu einem Telefant –
O Halt, nein, nein! Ein Elefon,
der griff zu einem Telefon –
(Verflixt! Ich bin mir nicht ganz klar,
ob's diesmal so ganz richtig war.)

Wie immer auch, mit seinem Rüssel
verfing er sich im Telefüssel;
indes er sucht sich zu befrein,
schrillt lauter noch das Telefein –
(Ich mach jetzt Schluss mit diesem Song
von Elefuß und Telefong!)

Abwechslung (H. Manz)
Der kleine Fritz
(unterwegs mit den Eltern)
aß Ketchup mit pommes frites
in der Lausitz.

Derselbe Fritz
aß auch Ketschup mit pommes frites
in Austerlitz.

Und Fritz
aß Ketschup mit pommes frites
sogar in Biarritz.

Aber was aß Fritz
auf Gran Canaria im Hotel Ritz?
Er sagte: Papperlappapp,
für einmal esse ich
pommes frites mit Ketschup.
(Aus: Manz 1995)

Kleine jahreszeitliche Dichtungen

Einkehr (L. Uhland)
Bei einem Wirte wundermild.
da war ich jüngst zu Gaste;
ein goldner Apfel war sein Schild
an einem langen Aste.

Es war der gute Apfelbaum,
bei dem ich eingekehret,
mit süßer Kost und frischem Schaum
hat er mich wohl genähret.

Es kamen in sein grünes Haus
viel leicht beschwingte Gäste;
sie sprangen frei und hielten Schmaus
und sangen auf das Beste.

Ich fand ein Bett zu süßer Ruh
auf weichen grünen Matten;
der Wirt, er deckte selbst mich zu
mit seinem kühlen Schatten.

Nun fragt ich nach der Schuldigkeit,
da schüttelt er den Wipfel.
Gesegnet sei er allezeit
von der Wurzel bis zum Gipfel.

Am Tage von Sankt Barbara (J. Krüss)
Am Tage von Sankt Barbara,
da geht das Jahr zur Neige.
Dann trag ins Haus, von fern und nah,
die kahlen Kirschbaumzweige!

Am Tage von Sankt Barbara
stell Zweige in die Zimmer!
Dann lacht zu Weihnacht, hier und da,
ein weißer Blütenschimmer.

Der erste Ostertag (H. Hoffmann)
Fünf Hasen, die saßen,
beisammen dicht,
es machte ein jeder
ein traurig Gesicht.
Sie jammern und weinen:
Die Sonn will nicht scheinen!
Bei so vielem Regen,
wie kann man da legen
den Kindern das Ei?
o Weih, o weih!

Da sagte der König:
So schweigt doch ein wenig!
Lasst Weinen und Sorgen,
wir legen sie morgen!

Meine liebe Mutter (U. Wölfel)
Meine liebe Mutter du,
ich will dir Blumen schenken.
Was ich dir sagen will dazu,
das kannst du dir schon denken:

Ich wünsch dir Glück und Fröhlichkeit,
die Sonne soll dir lachen!
So gut ich kann und allezeit
will ich dir Freude machen.

Denn Muttertage, das ist wahr,
die sind an allen Tagen.
Ich hab dich lieb das ganze Jahr!
Das wollte ich dir sagen.

Der Regenbogen (J. Guggenmos)
Ein Regenbogen,
komm und schau!
Rot und orange,
gelb, grün und blau!

So herrliche Farben
kann keiner bezahlen,
die über den halben
Himmel zu malen.

Ihn malte die Sonne
mit goldener Hand
auf eine wandernde
Regenwand.

Der Frühling kommt bald (C. Morgenstern)
Herr Winter
geh hinter,
der Frühling kommt bald!
Das Eis ist geschwommen,
die Blümlein sind kommen
und grün wird der Wald.

Herr Winter,
geh hinter,
dein Reich ist vorbei.
Die Vögelein alle,
mit jubelndem Schalle,
verkünden den Mai!

Das Kostbarste (H. Zöpfl)
Äpfel, Birnen, Aprikosen,
Hemden, Kleider, Strümpfe, Hosen,
einen Farbstift und ein Buch,
einen Ball, ein buntes Tuch
und noch einen ganzen Haufen
kannst du dir für Geld wohl kaufen.
Doch es gibt auf dieser Welt
sehr viel Schönes ohne Geld:
Sternenhimmel, Sonnenstrahlen,
dafür brauchst du nichts zu zahlen. –
Und dazu ist dir das Größte,

Schönste, Kostbarste und Beste
einfach als Geschenk gegeben.
Was das ist? Dein eignes Leben.

Fasenacht (O. Preußler)
Lustig ist die Fasenacht,
alles singt und tanzt und lacht.
Mit Gejubel und Geschrei
zieht der Faschingszug vorbei.
Jeder juchzt und freut sich sehr,
keiner kennt den andern mehr.

Fröhlich grinsend sieht man da
Großmogul und Perserschah,
Mandarine, Texasreiter,
hier ein Sultan, dort ein zweiter,
und dahinter watschelt, schau!
eine Hottentottenfrau.

Große Neger, kleine Neger,
zwischendurch ein Schornsteinfeger,
fünf Chinesen, sechs Japaner,
sieben Südseeinsulaner:
heute hat die halbe Welt
hier bei uns sich eingestellt.

Wie sie jubeln, wie sie springen,
wie sie tanzen, wie sie singen!
Keiner kennt den andern mehr,
jeder juchzt und freut sich sehr –
alles singt und tanzt und lacht:
Lustig ist die Fasenacht.

2.3 Schreiben mit Fantasie – Geschichten erfinden

Das Erfinden von Geschichten, selbst erlebt, mit Fantasie erzählt, subjektiv ausgestaltet, gilt seit der Zeit der Reformpädagogik als Kernstück einer Aufsatzerziehung in der Grundschule (vgl. etwa die Erlebniserzählungen in »Rund ums rote Tintenfass«: Münch 1909). Auch in den Nachkriegsjahrzehnten galt die Erzählung aus entwicklungspsychologischen Gründen als besonders kindgemäß, insbesondere was die ersten beiden Grundschuljahre betrifft. Dies kann man in den gängigen Aufsatzdidaktiken der Zeit nachlesen (etwa bei Beck 1969).

Auch heute nimmt die fantasievolle Geschichte bei allem Variantenreichtum der Schreibformen einen wesentlichen Teil des Schreibens bei Kindern ein: Sie macht Kindern einfach Spaß. Dies ist schon in frühen Anfängen zu spüren, etwa beim Fantasieren von Kindern, die im Vorschulalter oder spontan zu Hause schreiben.

2.3.1 Bildliche Anregungen

Fantasiereiches Schreiben »fällt nicht vom Himmel«. Man muss auch als Lehrerin einiges investieren. Interessante Themen wie sie die Reformpädagogen stellten, sind nur eine Möglichkeit der Gedankenanregung. Da Kinder schon im Vorschulalter Bildliches mit Schreiben eng verbinden, liegt es nahe, die Fantasie durch Bildanregungen verschiedener Art zu stimulieren. Auch in der Freinet-Pädagogik wird der »freie Text« durch gezielte Anstöße initiiert.

Fotos als Schreibanstoß

Josef Kasper empfiehlt unter Rückgriff auf Ideen aus der Freinet-Pädagogik, den Kindern einige Fotos vorzulegen, aus denen sie eines auswählen und darüber schreiben sollten. Diese Fotos könnten aus Illustrierten gewählt werden. Um das Kind nicht vor die Qual der Wahl zu stellen, empfiehlt sich für die Grundschule die Wahl eines die Fantasie beflügelnden Fotos. Beispiel: Schreiben zu einem Farbdia (vgl. den Beitrag von Jochen Schatz [1990] zu einem Unterrichtsversuch in einem vierten Schuljahr).

Abb. 69: Wüste. Aus: Blumenstock/Renner 1990, S. 120

Schreibbeispiel »Die wilde Schlange«
Ich stehe allein in der Wüste. Mir verlangt nach Wasser. Ich laufe durch die Wüste und sehe mir alles genau an und suche nach Wasser. Plötzlich bleibe ich wie angewurzelt stehen. Eine giftige Schlage richtet sich vor mir auf. Ich bekomme Angst und rühre mich nicht. Nach zehn Minuten schleicht sich die Schlange davon. Ich war sehr erleichtert und suchte aufs Neue nach Wasser. Bald darauf komme ich in eine Oase. Dort steht auch ein Brunnen, und ich trinke. Dann laufe ich weiter und warte auf neue Abenteuer.

Das Farbdia vermittelt eine sehr offene Situation, wie sie aber für fantasiereiches Schreiben günstig ist, falls sich bei den Kindern Gedanken einstellen. Dies ist bei »Wüste« der Fall. Zehnjährige Kinder haben bereits Filme zum Thema Wüste gesehen oder Abenteuerbücher gelesen. So weckt das Dia abenteuerliche Fantasien, die auch schriftlich zum Ausdruck kommen.

Bilderfolgen mit Fantasie ausgestalten

Den Kindern werden Bilderfolgen ungeordnet vorgegeben. Die Kinder versuchen, sie zu ordnen und die Handlung in groben Strukturen zu ermitteln. Sie können dann (auch mündlich) dazu eine Geschichte erzählen. Je offener die Bilder und je weiter die »Zwischenräume« zwischen den Bildern sind, desto mehr kann die Fantasie das von den Bildern nicht Vorgegebene ausgestalten.

Abb. 70: Auf dem Dachboden. Aus: G. und L. Blumenstock: Fimi-Fibel. Teil 1. Konkordia Verlag, Bühl 1998, S. 45

Die Kinder können zunächst eher beschreibend wiedergeben, was die Bilder zeigen: Kinder kramen auf dem Dachboden in alten Schachteln, finden Kleider, verkleiden sich … Dann kann aber eine fantasiereiche, spannende Geschichte erfunden werden, zum Beispiel:

- was sie plötzlich finden (eine Truhe, die geheimnisvolle Dinge enthält)
- wie sie plötzlich erschrecken, als eine Tür quietscht …

Variante: Besonders spannend wird es, wenn Bilder zweier verschiedener Geschichten vermischt werden. Dazu eine Geschichte zu erfinden erfordert viel Fantasie. Ein solcher Bildertausch wurde in der Geschichte »Ganz unmögliche Kinder« vorgenommen. Durch einfachen Bildertausch werden aus den unmöglichen ganz brave Kinder und umgekehrt.

Abb. 71: Ganz unmögliche Kinder. Aus: Der Bärenführer. Domino, München/Wien/Zürich 1968, S. 60/61

2.3.2 Anregungen durch Bilderbücher

Frühes Schreiben und Malen nach Bilderbüchern

Kinder lassen sich durch Bilderbücher zu fantasiereichen Gedanken anregen. Sie gestalten dann (schon in der zweiten Schuljahreshälfte des ersten Schuljahres in großer Anzahl) eigene schriftliche Produktionen, zum Teil noch imitierend, eng an den Text des Bilderbuches angelehnt, zum Teil aber auch in eigener, oft noch schlichter Fantasie.

Die Fantasie wird durch Einzelbilder, comicartige Bilderfolgen angeregt. Beispiel: Analoges Gestalten fantasiereicher Geschichten: Hexe Wanda. In diesem kleinen Bilderbuch einer »guten, hilfsbereiten Hexe« werden drei »Hilfsaktionen« der Hexe Wanda aneinander gereiht, wobei immer wiederkehrend gleiche Sprachstrukturen verwendet werden (Gefahr unter uns, Gefahr, meldete die Alarmglocke ... Es ist Zeit für den ersten [zweiten ...] Zauberspruch ...).

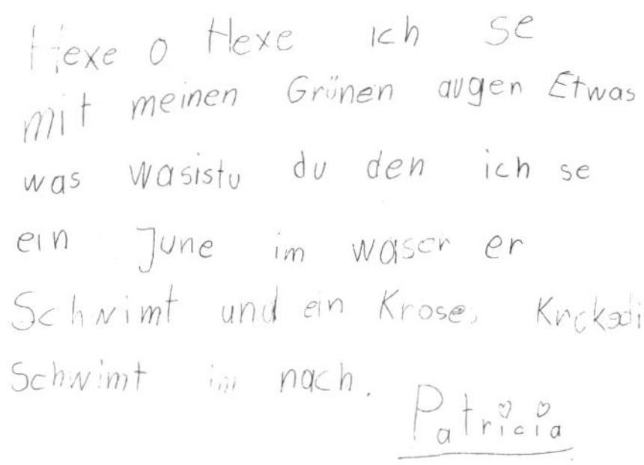

Abb. 72 und 73: Patricia malt und schreibt Ende des ersten Schuljahres

Die Kinder erfinden neue Abenteuer dazu. Sie können dafür analoge Sprachstrukturen verwenden.

Variation: Verzicht auf Analogie der Sprachstrukturen
Die Kinder können ein Abenteuer auch in freier Sprache gestalten, aus der »guten Hexe Wanda« den bösen Zauberer Hurlefix machen, eine Fee auf Wolken setzen, einen Kobold im Computer verstecken usw.

Ein Bilderbuch zu Ende erzählen

Gudrun Hollstein weist darauf hin, dass manche Bilderbücher auf ein Weiterschreiben geradezu angelegt sind. Als Beispiel führt sie das Bilderbuch »Komm, Igel, komm« von Michels und Ball (1992) an. Hier wird von einem Igel berichtet, der von einem Mädchen gefunden und gepflegt wird, sich zwar wohl fühlt, aber doch gerne wieder in Freiheit wäre. Ein unkommentiertes Schlussbild zeigt den »Igel mit seiner Igelin« und reizt daher zum Weitererzählen oder -schreiben: Wie es dem Igel nun in Freiheit ergeht.

Zu einzelnen Bildern einfallsreich schreiben

Gudrun Hollstein führt als Beispiel ein Hundebild an:

Abb. 74: Ein besonderer Hund. Aus: Hollstein 1999, S. 156

Kleine Schreibfantastereien anhand von problemorientierten Bilderbüchern

Petra Freudenberger-Lötz teilt Ideen zum bekannten Bilderbuch »Der Regenbogenfisch« von Marcus Pfister (Zürich 1992) mit (in dem Artikel »Vom Bilderbuch zur eigenen Geschichte«, Praxis Grundschule 1994, S. 43f.). Der »Held« der Geschichte, der Regenbogenfisch mit den glitzernden Schuppen, verschenkt seine Glitzerschuppen an andere und wird dadurch selbst beschenkt.

Sehr empfehlenswert erscheint die Idee, die Kinder zuerst über die Gedanken und Motive des Fisches sprechen zu lassen, der zunächst keine seiner Schuppen hergeben will, dann aber vom Tintenfisch einen guten Rat erhält. Was wird es ihm bringen, wenn er behält – oder verschenkt? Was werden die anderen Meeresbewohner tun und denken …?

Die Fabel regt die Kinder an, sich den Gedanken der Beteiligten zuzuwenden, sich in sie hineinzuversetzen und auch, die Gedanken zu notieren. Dies kann in Sprechblasen geschehen, die den einzelnen Beteiligten zugewiesen werden.

Variante: Alexander und die Aufziehmaus

Das Bilderbuch von Leo Lionni »Alexander und die Aufziehmaus« (Middelhauve, Köln ^{12}1981) beinhaltet den Konflikt der Maus Alexander, die gerne so geliebt sein möchte wie eine Aufziehmaus. Allerdings landet die Aufziehmaus bald auf

dem Müll. Mit Hilfe eines purpurroten Zauberkieselsteins gelingt es Alexander, die Aufziehmaus in eine lebendige (Partner-)Maus zu verwandeln. Es bietet sich an, die Gedanken, Wünsche der Beteiligten zu bedenken und evtl. aufzuschreiben. Dies kann in Sprechblasen geschehen.
Alexander: Ich möchte gerne eine Spielmaus sein; da werde ich immer mit ins Bett genommen.
Aufziehmaus: Ich will lieber lebendig sein; da kann ich selber rennen und muss mich nicht erst aufziehen lassen.
usw.

Über das Bilderbuch hinaus fantasieren

»Bilderbücher animieren zum Schreiben«, sagt Christine Kretschmer in dem Artikel »Was ich Cornelius beibringe« (in: Praxis Deutsch 1986, S. 26–28), bevor sie ihre Schreibideen zum Bilderbuch von Leon Lionni »Cornelius« (Middelhauve, München 1994) mitteilt. Cornelius ist ein lernbegieriges kleines Krokodil, das schließlich auch die anderen Krokodile zum Lernen anregt, eine Fabel zur Lernfähigkeit von Lebewesen. Die Erstklässer denken nun darüber nach, was sie selbst Cornelius gerne beibrächten, schreiben und malen dazu.

Variante: Was wir selbst gerne lernen würden
Da das Bilderbuch als Fabel auf das menschliche Lernen bezogen ist, liegt es nahe, dass die Kinder aufschreiben, was sie selbst gerne lernen würden, von Cornelius: vielleicht Schwimmen, von Klassenkameraden: das schöne Malen von Claudia, Rechnen von Marco …, von meiner Mama: Kochen …

Verwürfelte Bildfolgen als Anregung

Diese eher traditionelle Idee beruht darauf, dass Kinder gerne Fehler finden und korrigieren. So liegt allein schon in einer durcheinander gewürfelten Bildfolge der Reiz, den Fehler zu korrigieren. In der notwendigen Auseinandersetzung mit der Reihenfolge der Bilder erfolgt auch inhaltliche Klärung als Voraussetzung für das Schreiben einer Geschichte.

Varianten: Bild weglassen
Schluss weglassen: Diese Variante ist einfach und bewährt. Die Kinder erfinden dann mit Fantasie einen Schluss. Es können auch die Anfangsbilder wegbleiben. Das Schlussbild (Kind wird aus dem Wasser gezogen) ermöglicht viele Ereignisreihenfolgen:
War das Kind unvorsichtig, trotz Warnschild?
Stand kein Warnschild da?
Ist jemand anders schuld?

2.3.3 Bild und Gespräch als Anregung

»Freies« Schreiben bedeutet nicht, die Kinder sich selbst zu überlassen. Erich Renner zeigt im Vergleich dreier Unterrichtsversuche, dass freies Schreiben umso besser gelingt, je mehr von den Kindern und der Lehrerin »investiert« wird, d.h. an Gedanken- und Sprachreichtum entwickelt wird (Renner, E.: »Freies Schreiben – gebundenes Schreiben« und was man investieren muss. In: Blumenstock, L./Renner, E. (Hrsg.): Freies und angeleitetes Schreiben. Beltz, Weinheim 1990, S. 97ff.). Beispiel: Der Fahrradunfall. Bildanregung und Vorbesprechung werden kombiniert.

Abb. 75: Fahrradunfall. Aus: Blumenstock/Renner 1990, S. 98

Die Kinder sehen sich das Farbdia an. Sie führen dann ein ausführliches Gespräch, das angesichts der Offenheit der Situation – der Ausgang der Geschichte wurde bewusst weggelassen, eine Fülle von Einfällen hatte:
wie der Unfall sich ereignet haben könnte,
wer Schuld sei,
ob die beiden Männer vielleicht schon zu alt zum Fahrradfahren seien,
was sie miteinander besprächen, ob sie sich stritten,
über die altmodische Kleidung der beiden – wann der Unfall sich ereignet habe,
wie die Sache ausginge …
Die Kinder machten selbst den Vorschlag, eine Überschrift zu erfinden. Der Variantenreichtum der Überschriften allein zeigt die Fülle der Gedanken, die die Kinder gerade wegen des gedankenanregenden Vorgesprächs hatten:
das kaputte Fahrrad,
der Fahrradsturz,
der Fahrradunfall,
die zwei Tollpatschigen
das neue Tandem
u.a.

2.3.4 Verbale Anregungen

Den Anfang einer Geschichte fortsetzen

Diese Idee hat Tradition, auch im Aufsatzunterricht der Nachkriegsjahrzehnte. Sie hat den Vorteil, dass die Kinder bereits einen Teil der Geschichte vorfinden, durch einen anregenden Anfang in eine Situation hineinversetzt und gedanklich angeregt werden. Sie können nun verschieden fortfahren und ihrer Fantasie freien Lauf lassen. Beispiel:
Heike war neun Jahre alt. Eines Abends sagte Mama zu ihr: »Papa und ich möchten heute Abend gerne ins Theater gehen. Meinst du, dass du mit Leon allein bleiben könntest? Wir bringen ihn noch zu Bett. Meistens schläft er ja.«
»Aber natürlich«, meinte Heike, »ich mache das schon«.
Gesagt, getan …
Heikes Eltern sind nun weggegangen. Heike setzt sich gemütlich vor den Fernseher. Endlich mal ohne die Eltern zu Hause …

Die Kinder setzen diese Geschichte fort, Möglichkeiten:
Leon wacht auf und brüllt … ist nicht mehr zu beruhigen. Hat Heike eine Telefonnummer?
Das Telefon läutet plötzlich. Soll Heike dran gehen?
Heike schaut durchs Fenster auf die dunkle Straße. Steht da nicht ein Mann unten an der Laterne und schaut zu ihr herauf. Er sieht so seltsam aus … Was soll sie tun?
Ein Gewitter zieht auf. Plötzlich fährt ein Fenster auf …

Anregung durch Wörter (»Reizwörter«)

Diese Anregung zum Schreiben stellte in den 60er-/70er-Jahren einen regelrechten »Modetrend« in der Aufsatzdidaktik dar (vgl. etwa Beck 1969, S. 206ff.). Es gibt zahlreiche Varianten:

Anregung durch Einzelwörter (»Stichwörter«)

Josef Kasper empfiehlt im Rahmen der Freinet-Pädagogik folgende »Stichwörter«:

Stadtgeister:
Die Kinder erfinden »moderne« Geister, die in der Umgebung leben:
Gully, U-Bahn-Schacht, Speicher, Fabrikschlot …
Wie sehen die Geister aus?
Was tun sie (Anregungen durch »Das kleine Gespenst« von O. Preußler)

Der »Hochhausmurch«:
Er klettert in Rohrleitungen herum, ahmt Geräusche nach, die er irgendwoher gehört hat, und schafft große Verwirrung, indem er im achten Stock knattert wie ein Auto.

Die Küchen-Trulle:
Sie ist klein und rund, lebt in der Küche und streut Appetitpulver aus. Früher war sie sehr beliebt. Alle Dicken sind ihr besonders lieb und erhalten zusätzliche Portionen Appetitpulver.

Anregung durch »Cluster«

Die Kinder assoziieren beispielsweise zu einem Wort freie Einfälle. Diese werden in geeigneter Form notiert. Bei einer Tafelanschrift können diese Wort-Cluster während des freien Schreibens sichtbar bleiben und den Kindern Anregung und Hilfe bedeuten. Beispiel: »Schmetterling« (nach Hantke, Katrin: In: Hegele (Hrsg.): Lernziel: Texte schreiben, überarbeiten und gestalten. Weinheim 2000).

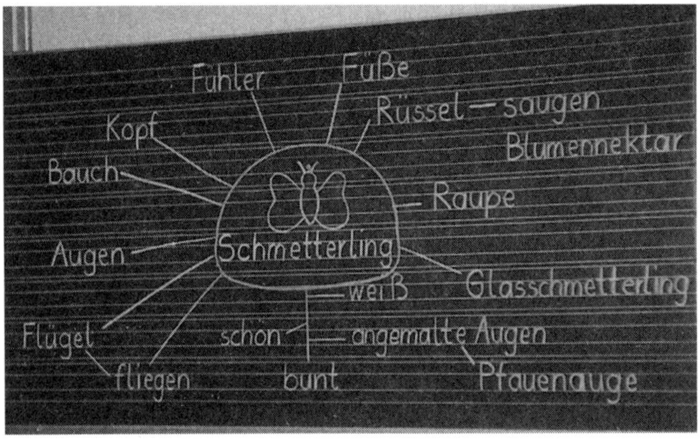

Abb. 76: Wort-Cluster. Aus: Hantke 2000 S. 39

Rollenspiel als Auslöser für fantastische Geschichten

Die Kinder versetzen sich beispielsweise in Tiere.
Ich bin ein Schmetterling: Flattere von Blüte zu Blüte. Ein Mann mit einem Kescher will mich fangen. Ich flattere schnell weg.
Ich bin ein Tiger im Zoo: Knurren und Fauchen hinter Gitterstäben. Plötzlich ist eine Spalte frei. Ob ich da durch komme? …
Die Kinder spielen solche Geschichten. Auf Grund der erlebten und mitgestalteten Spielszenen haben sie nun viele Einfälle, um eine Fantasiegeschichte schriftlich gestalten zu können:
Beispielsweise »Ein Tiger bricht aus …«

Abstruse Prosa: »So ein Unsinn …!«
Die Kinder schreiben gerne über Fantastisch-Unsinniges (Surrealistisches). Geschehnisse oder Begegnungen, wie sie die Realität normalerweise nicht bereithält, können erdacht und ausgesponnen werden.

Beispiele:
Aus dem Leben einer Kaffeetasse
Ein Kochtopf erzählt von seinen Leiden in der Spülmaschine
Ein Schneemann verliebt sich in eine Schneefrau
Ein Besen lernt fliegen

Pflanzen und Tiere erzählen
Schneeglöckchen:
Anfang: »Ach Gott, ist das so kalt, wäre ich doch unten geblieben. Jetzt bin ich auch noch mitten im Schnee aufgewacht … He, du, hast du auch so kalt? …
Pudel:
»Gestatten, dass ich mich vorstelle. »Strubel« ist mein Name. Aber mein Frauchen nennt mich immer »Struppi«. Wie sie da wohl drauf kommt …«

2.3.5 Gegenständliche Anregungen

Ein Zauberring: Wünsch dir was!

Die Lehrerin hat einen »Zauberring« dabei. Die Kinder drehen den Ring wie im Märchen und denken sich einen ganz tollen Wunsch aus. Anfangs werden einige Wünsche erzählt; aber nicht alle können dran kommen. So wird der Gedanke laut, ein Wunschbuch anzulegen, in das die Kinder ihre Wünsche schreiben.
Die Wünsche werden auf farbigem Papier notiert.

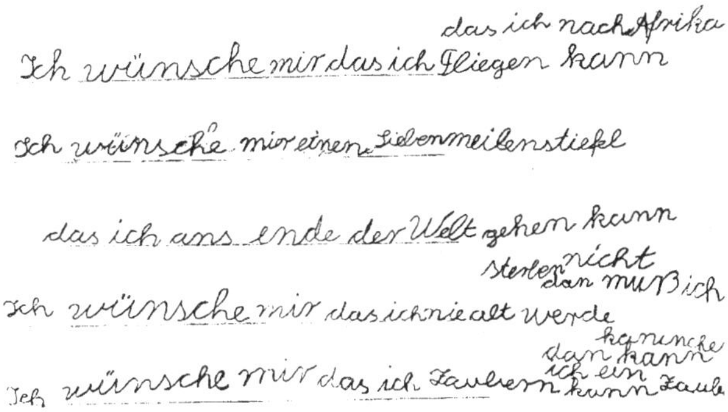

Abb. 77: Ein Wunsch aus dem Wunschbuch. Aus dem Unterricht eines zweiten Schuljahres

Die Spinne an der Wand

Als Kind interpretierte ich die Risse in der Wand meines (wohl schon lange nicht mehr gestrichenen) Schlafzimmers als Spinne. Ich hatte das Gefühl, dass sie mich bedrohte. Von da aus ist es nicht mehr weit zu einer fantastischen Gruselgeschichte: Die Wand wird lebendig …
Dominik darf bei seiner Oma übernachten, in der alten Rumpelkammer, wo das gemütliche Bett steht …

Er liegt im Bett, die Augen noch offen. Die Laterne scheint durch die Vorhänge. Gegenüber sieht er ein paar Risse in der Wand … sieht fast aus wie eine Spinne im Netz …
Sind das überhaupt Risse? Hat sich da nicht etwas bewegt? …

Ein Radiergummi erzählt aus seinem Leben

Was so ein Radiergummi (Ranzen, Hose …) schon alles in seinem langen Leben mitgemacht hat. Die Kinder denken sich teils realistische, teils ganz fantastisch-abstruse Geschichten aus.

Beispiele:
Ein Radiergummi machte aus Versehen eine lange Reise mit, z.B. nach China.
Ein anderer Radiergummi fiel im Klassenzimmer auf den Boden. Da erging es ihm schlecht. Arno trat ihm auf den Kopf, Sonja kickte ihn zu Sabine, die schoss ein Tor …
»Autsch, pass doch auf!« …

Varianten: »Ich bin ein Kreidestummel«
Josef Kasper schreibt folgenden Geschichten-Anfang auf:
»Ich bin ein Kreidestummel. Und weil ich so abgeschrieben bin, heiße ich nicht mehr Friedrich, sondern nur noch Fri. Gestern habe ich in der Klasse wieder etwas erlebt.«

»Ich heiße Erna und bin Michaels Stinkesocke …«
»Ich bin Pip-Pip, Angelas Armbanduhr …«
»Peter nennt mich immer Latschi. Ich – äh … wir sind seine alten Turnschuhe …
(Aus: Kasper)

Taschenaktion: »Geschichten aus der Tasche«

Josef Kasper schlägt vor, Kinder sollten den Inhalt ihrer Taschen ausleeren und dazu eine Geschichte schreiben (In: Kasper (Hrsg.) o.J.). Daraus entstehen »Geschichten aus der Tasche«. Josef Kasper schlägt etwa folgende Anregung vor: Wähle eine freie Stunde …, breite ein Blatt Papier … auf dem Tisch aus und lege darauf … den Inhalt deiner Hosentasche (Jackentasche, Ranzen, Rucksack …). Die erste Bedingung ist, nichts zu verbergen und sich nicht zu schämen, denn es kommt vor, dass jemand ein Ding aus der Tasche zieht, das komisch wirkt. Auch kleine Dinge – kleine Stoffstückchen, Papierfetzen, Notizen müssen auf das Blatt gelegt werden … Du kannst nacheinander jedes Ding beschreiben … Vielleicht suchst du dir etwas aus, von dem du etwas erzählen kannst … Wie es in deine Tasche gekommen ist, was du damit anfangen willst … Vielleicht denkst du dir auch etwas aus und erzählst es …

2.3.6 Anregungen durch Filme

Beim Film wirken Bild und Sprache, oft auch noch Musik. Sie vermitteln Stimmungen und wecken Einfälle, die Voraussetzungen für fantasiereiche Geschichten sind. Prinzipiell können Filme verschiedener Gattungen eingesetzt werden. Das beginnt bei Tierfilmen: Ein Dokumentarfilm über den Igel kann nicht nur im Sachunterricht nützlich sein, sondern auch verfremdet werden. Beispielideen: Aus dem Leben eines Igels (ein Igel erzählt spannende Geschichten); Schneeglöckchen läutet den Frühling ein (was ein Schneeglöckchen sieht, wenn es aus dem Boden kommt). Trickfilme sind bei Kindern sehr beliebt. Beispiel: König der Löwen: Die Tiere denken und handeln wie Menschen. So können neue Geschichten vom Löwen Simba ausgedacht werden.

2.3.7 Anregungen durch Musik

Es ist beliebt, Texte musikalisch auszugestalten. Umgekehrt können aber auch Texte durch musikalische Anregungen initiiert werden. Musik vermittelt oft eine bestimmte Stimmung, die versprachlicht werden kann.

Beispiele:

- Gewittermusik aus der Oper »Der Barbier von Sevilla« von G. Rossini: Die Kinder hören das Zucken der Blitze, das Grollen des Donners, die sich steigernde Dramatik der Musik. Sie schreiben beispielsweise einen Text von der steigenden Angst eines kleinen Kindes, das allein zu Hause ist.
- Das Gespensterschiff im »Fliegenden Holländer« von R. Wagner: Die Begegnung des Norwegerschiffes mit dem Schiff des Fliegenden Holländers wird durch das Singen der beiden Männerchöre in großer Dramatik ausgebreitet. Die Kinder gestalten eine Begegnung der beiden Schiffe (friedlich oder feindlich).
- Die Ballade der Senta aus dem »Fliegenden Holländer«:
Traft ihr das Schiff im Meere an,
blutrot die Segel, schwarz der Mast,
an hohem Bord der bleiche Mann …

Die große Dramatik und die Schilderung der bleichen Gestalt des Fliegenden Holländers ist geeignet zur Initiierung einer Gespenstergeschichte.

2.3.8 Fantasievolle Anregungen für fantasievolles Schreiben

Geschichten fortsetzen

Joachim Fritzsche spricht von »Fortschreibegeschichten« (1993). Diese Art zu schreiben verlangt von den Kindern bereits Gruppenarbeitsfähigkeit. Günstig sind Kleingruppen von drei bis vier Kindern, die gemeinsam reihum eine Geschichte entstehen lassen. Dabei können sinnvolle Geschichten, aber auch unsinnige Geschichten angestrebt werden, in jedem Falle fantasiereiche. Ein Satz wird vorgegeben, reihum schreiben die Kinder jeweils einen Satz dazu. Der Satz muss dazu passen. Ein Leser sollte möglichst nicht merken, dass verschiedene Schreiber am Werk waren. Der Satz kann von der Lehrerin vorgegeben werden.

Varianten:
Die Kinder erfinden selbst einen Anfang und schreiben reihum weiter. Die Kinder schreiben zwischen ein und drei Sätzen weiter, je nach Belieben. Die Kinder versuchen bewusst, die Geschichte umzugestalten; es entsteht ein »Schreibwettkampf« zwischen den Schreibern – wer setzt sich in der Geschichte durch?

Geschichten im Kreis

Diese Geschichten können mündlich oder schriftlich gestaltet werden. Eine Kindergruppe sitzt im Kreis. Jedes Kind legt sich vorher ein Substantiv zurecht (schreibt es beispielsweise verdeckt auf einen Zettel), das in die Geschichte eingebracht werden soll. Die Lehrerin beginnt (ihr Wort: Zauberer):
»Ein Zauberer lebte seit vielen Jahren auf einem alten Schloss.«
Kind (Computer): »Eines Morgens fand er in der Mailbox seines Computers eine seltsame Nachricht.«
Zweites Kind (Heckenschere): »Nimm deine Heckenschere, geh in den Garten und schneide den linken Zweig des dritten Busches am Weg ganz ab.«
Drittes Kind (Erde): »Der Zauberer gehorchte und entdeckte, dass unter dem Busch die Erde ganz locker war.«
So entsteht nach und nach eine Geschichte, die durch die Leitwörter zufällig in bestimmte Richtungen gelenkt wird.

Geschichten »im Kopf«

Kinder haben viele Geschichten »im Kopf«. Es kommt darauf an, sie durch Schaffen anregender Situationen oder geeigneter Atmosphäre hervorzulocken. Josef Kasper beispielsweise regt an, bei bestimmten Geschichten den Raum leicht abzudunkeln. Auch musikalische Untermalung kann eine geheimnisvolle, gespenstische oder aber heitere Atmosphäre schaffen.

Steffi macht eine schöne Reise

Schon wieder so ein
langweiliger Nachmittag!
Steffi ist allein. Alle ihre Freunde
und Freundinnen haben keine Zeit
zum Spielen.

Da hat Steffi eine Idee:
Draußen ist alles nass und grau.
Aber in ihrem Kopf ist es ganz hell:
Da sind die schönsten Sachen!

Steffi denkt an eine grüne Wiese mit bunten
Blumen. Mitten auf der Wiese wächst ein
mächtiger Baum. Und seine Zweige sind voll
mit Vogelnestern. Die Vögel mit ihren roten,
grünen und gelben Federn fliegen hin und her
und füttern ihre Jungen mit Würmern und Käfern.
Ist das ein Gezwitscher!
Steffi denkt daran, wie schön warm es auf der Wiese ist.
Weit weg sieht sie die hohen Berge.
Die schneeweißen Gipfel ragen bis in den Himmel.

Da ruft Mama: „Steffi, Abendessen!"
„Ach, Mama, jetzt hast du mich bei der
schönen Reise gestört!
Ich wäre so gerne noch
in die Berge gefahren."

Abb. 78: Steffi macht eine schöne Reise.
Aus: Blumenstock/Blumenstock, Fimi-Fibel, Konkordia Verlag, Bühl 1998, S. 29

Fortsetzungsvarianten:
Steffi macht Badeurlaub an einem warmen weißen Strand mit schönen Palmen …
Steffi spielt bei schönstem Sommerwetter mit Freunden im Garten …

Fortsetzungs-Assoziationen
Beispiel: Was so alles passieren kann … (»Kettenreaktion«)
Aus harmlosen Anfängen entstehen unvorhersehbare Dinge. Die Kinder können solche Kettenreaktionen erfinden.

Die Bananenschale (Aus: Blumenstock/Blumenstock 1998, S. 27):
Klaus verspeist jeden Tag in der großen Pause eine Banane.
Aber heute hat er getrödelt.
Als es zum Pausenende klingelt,
hat er noch ein großes Stück Banane in der Hand.
Schnell schlingt er es hinunter und wirft die Bananenschale hinter sich.
»Au«, schreit Tina, »pass doch auf!«
Sie nimmt die Bananenschale von ihrer Brille und wirft sie weg.
Da passiert es.
Uwe rutscht auf der Schale aus und hält sich an Christine fest.
Beide fallen hin.
Eva und Ingo stolpern über sie und schon liegen vier Kinder auf dem Boden.
Was für ein Geschrei!
Klaus ist vor Schreck ganz blass geworden.

Verwürfelte lustige Fantasietexte

Aus Satzgliedern lassen sich stimmige, durch Verwürfeln der Satzglieder aber auch unsinnige Texte zusammenstellen.

Beispiel: Gesucht …
Was wird gesucht?
Pudel
Kinderwagen
alte Frau
Schülerin
Beschreibung:
schwarzes Fell
hört auf den Namen Ringo
trägt langen grauen Mantel
ca. 150 cm groß
mit langen blonden Haaren
beigefarbig, mit Regenverdeck und hohen Rädern
Weiter:
könnte sich verirrt haben
ist heute Nachmittag nicht nach Hause gekommen
zu verkaufen
billig abzugeben

Die Kinder können nun die Satzglieder durch Kombination bunt mischen: Pudel, trägt langen Mantel, ist heute Nachmittag nicht nach Hause gekommen. Schülerin, schwarzes Fell, billig abzugeben usw.

Einsame Insel *(Aus: Kasper)*

Wir stellen uns vor: Wir werden auf einer einsamen Insel ausgesetzt. Jeder darf nur fünf Gegenstände mitnehmen. Die Mitspieler überlegen sich die fünf Gegenstände und Gründe, warum sie diese besonders dringend brauchen. Die Gründe können ernsthaft oder auch fantastisch sein. Die Mitspieler vertreten ihre Argumente vor den anderen mündlich.
Variante: Sie schreiben auf, weshalb sie die Gegenstände dringend brauchen.
Beispiel:
Ich brauche vor allem eine Badehose. Wenn ich plötzlich gefunden werde, will ich ja nicht nackt dastehen.
Ich brauche auch ganz dringend eine Trompete: Damit kann ich ja Hilfe herbeirufen.
Ich brauche vor allem ein Auto. Damit kann ich auf der Insel herumfahren. Wenn das Benzin ausgeht, schiebe ich das Auto einfach …

Geschichten beim Erzählen ausdenken und weiterspinnen

Gute Erzähler können beim Erzählen eine Geschichte erfinden und sie fantastisch und abenteuerlich weiterspinnen. Eine fantasiebegabte Lehrerin kann so ihre Kinder anregen, sich ebenfalls fantastische Geschichten auszudenken, sie zu erzählen und aufzuschreiben ... So berichtet Hajo Bücken über Geschichten aus seiner Kindheit, die seine Fantasie beflügelten: ... mein Vater erfand dauernd Geschichten. Er ... nahm mich mit in afrikanische Negerkrals und zu den Eskimos ins Ewige Eis ... Aber wenn er ein und dieselbe Geschichte drei Mal erzählte, dann spann er ab einem bestimmten Punkt sein Garn ganz anders, fabulierte drauf los und am Schluss war die alte Story nicht wiederzuerkennen ...

Texte umgestalten

Beim Umschreiben von Texten setzen die Kinder eine Menge Fantasie ein. Sie machen ernste Anzeigen witzig, Traueranzeigen komisch, Werbeplakate ungewöhnlich. ...

Beispiel:
Anzeigen umschreiben:
Die Kinder suchen in Zeitungen Anzeigen und gestalten sie in unterschiedlichen Arbeitsformen und Sozialformen (allein, Partnerarbeit) um.
Anzeigen vermischen:
Küche neuwertig zu verschenken.
Zauberer Casirelli bietet buntes Programm.
Hellseherin berät Sie.
Daraus wird:
Hellseherin zu verschenken.
Küche bietet buntes Programm.
Zauberer Casirelli berät Sie.
Die Kinder können dazu wieder Geschichten erfinden:
Küche bietet buntes Programm.
Die neueste Kreation: Die »Unterhaltungsküche«.
Keine Hausfrau muss mehr genervt und missmutig ihre Kartoffeln schälen. Ihre Küche wird sie unterhalten. Schranktür auf ... und schon geht's los ... Bunte Luftballons steigen aus dem Schrank, Blasmusik ertönt – auf Wunsch auch Walzer oder Discosound ...

Beispiel: Eine lustige Unterrichtsstunde
Kinder fertigen unter dem Thema »Sachtexte« Protokolle vom Unterricht an. Sie notieren, wie der Unterricht abgelaufen ist, beispielsweise den Ablauf von Versuchen in Partnerarbeit ...
Unser Lehrplanthema heute: Elektrischer Strom.

Wir haben heute ausprobiert, wie man ein Glühbirnchen zum Leuchten bringt. Zuerst hat unsere Lehrerin das Thema angeschrieben: Wie leuchtet eine Glühlampe. Dann haben wir aus unserem Experimentierschrank die richtigen Teile heraussuchen sollen. Petra und ich haben Drähtchen, ein Lämpchen und eine Batterie genommen. Dann haben wir probiert. Petra wollte zwei Drähte an die linke Lasche halten usw.

Variationen des Textes: Wörter austauschen
Die Kinder tauschen alle Wörter aus, die mit L und l beginnen. Sie nehmen aus dem Wörterbuch andere Substantive oder entsprechende Wortarten heraus. So heißt es dann im ersten Satz: Wir haben heute ausprobiert, wie man ein Glühbirnchen zum *Laufen* bringt usw.

Bücher, die zum Schreiben anregen

Klassenbücher, in die Witze, lustige Geschichten, lustige Einfälle geschrieben werden.
Unser Geschichtenbuch, in das frei erfundene Geschichten eingetragen und vorgelesen werden. Witzbuch, in das in einem festgelegten Zeitraum Witze eingeschrieben oder eingeklebt werden.

Fantasiereise

Ausgangspunkt können Kursbücher sein, bei denen die Ortsnamen durch Fantasienamen oder Namen aus fernen Erdteilen ersetzt werden.

- Klassenfahrt (Ausgangstext): Gestern machten wir eine Tagesfahrt nach Mannheim in den Luisenpark. Wir stiegen in Landau in den Zug, fuhren über Neustadt und Hassloch nach Ludwigshafen. Dort mussten wir in den Zug nach Mannheim umsteigen …
- Eine tolle Klassenfahrt (veränderter Text): Gestern machten wir eine Tagesfahrt nach Madrid in den Luisenpark. Wir stiegen in London in den Zug, fuhren über Neapel und Honolulu nach Lausanne …

2.4 Sachbezogenes Schreiben

Sachliches Schreiben wird im Alltag oft verlangt. Es kommt darauf an, Sachverhalte in genauer zeitlicher Reihenfolge wiederzugeben, Personen oder Gegenstände exakt zu beschreiben, sich selbst Notizen zu machen und dabei das Wesentliche aus einem Text oder einem Gespräch festzuhalten. Notwendig ist meist die Fähigkeit, das Wichtige vom Unwichtigen zu trennen und sprachlich genau zu sein.

Es wäre allerdings falsch – hier liegen sicher Einseitigkeiten einer älteren Aufsatzdidaktik – vom Kind eine völlige Trennung zwischen sachlicher und unterhaltender Sprache unter Ausblendung der Subjektivität zu verlangen. Meist gehen in der Realität diese Sprachebenen und -funktionen ineinander über. Sachlich Beschriebenes liest sich besser, wenn es auch unterhaltsam und spannend geschrieben ist. Man beginnt schon früh mit Sachschreibaufgaben: Die Schwierigkeiten werden dann gesteigert.

2.4.1 Kleine sachbezogene Schreibaufgaben

Erste Notizen

Diese Notizen werden im Schulalltag notwendig. Anfangs werden sie von der Wandtafel abgeschrieben, dann vielleicht diktiert, schließlich frei aufgeschrieben.

Beispiele:

- Morgen fällt der Sport aus.
- Wir brauchen nächste Woche unsere Wachsmalstifte.
- Morgen früh um 9 Uhr kommt der Schulzahnarzt. Zähneputzen nicht vergessen!

Kinder notieren auf Zetteln eine Nachricht:

- Mama, ich bin bei Julia zum Spielen.
- Mama, den Rest Suppe habe ich gegessen. Ich gehe mit Alexander weg.
- Tante Heide hat angerufen: Sie kommt morgen um 11 Uhr mit dem Zug an. Sie will abgeholt werden.

Kinder schreiben Merkzettel zur eigenen Erinnerung:

- Einkaufszettel schreiben (für ein Essen: z.B. Gemüsesuppe: Kartoffeln, Lauch, Karotten, Bohnen …)
- Wie man ins Internet kommt …

- Merkzettel für andere: Wie man ein Meerschweinchen pflegt, wenn es beispielsweise für einige Tage bei einer Freundin in Pflege gegeben wird …
- Meine Familie:
- Die Kinder schreiben gerne über Personen, die ihnen nahe stehen, am Anfang oft aufzählend, beschreibend: Meine Oma heißt Anni. Sie hat graue Haare und ist klein …
- Mein Schulweg: Kinder malen gerne dazu. Sie stellen ihren Schulweg bildlich dar und schreiben dann, am Anfang oft nur kleine Aussagen, dazu, was ihnen einfällt: z.B. wo ich immer stehen bleibe …
  da habe ich oft Angst, weil so ein großer Hund bellt …

Alltägliches Schreiben im Klassenzimmer

Vom ersten bis zum vierten Schuljahr stellen sich tägliche Schreibaufgaben, die zum Teil als ständige Aufgaben von einzelnen Kindern (evtl. wechselnd) übernommen werden.

Beispiele:
- Führen des Kalenders und tägliches Aufschreiben des Datums
- Aufschreiben von Aufgaben
- Marion: Blumen gießen
- Pit: Tafel sauber halten

Führen eines Klassentagebuches

Das Klassentagebuch gibt Ereignisse wieder, kann aber auch Kommentare, Stellungnahmen enthalten. Man kann die Ordnung der Eintragungen unterschiedlich gestalten: Am Anfang trägt sicher die Lehrerin ein. Es empfiehlt sich aber, am Ende des Unterrichts mit den Kindern darüber zu sprechen, was man heute ins Tagebuch eintragen könne und dabei auch den genauen Wortlaut festzulegen. Dann können Kinder (abwechseln, in festgelegter Reihenfolge) die Eintragungen übernehmen. Der Text kann durch Bilder, Symbole, Fotos usw. ergänzt werden.

2.4.2 Kinder schreiben systematisierend

Listen

Gaber/Eberwein (1986) betonen, dass sich das Anlegen von Listen auch im Schulalter bei den Kindern großer Beliebtheit erfreut – wohl im Gegensatz zu Erwachsenen, die das eher als langweilig und geistlos ansehen.

Beispiele:
- Namenslisten der Schüler in der Klasse
- Adressenliste
- Telefonverzeichnisse (auch nach Schülerbedürfnissen: Freunde, benachbart wohnende Kinder)
- Einkaufslisten
- Listen für Schulbedarf

Aber auch außerschulische Listen sind beliebt:
- Listen von Autokennzeichen
- Listen mit Lieblings-Fernsehsendungen
- Listen der Internet-Suchmaschinen
- Listen der Video-Spiele
- Liste aller Fünf-Freunde-Bücher (oder anderer Lieblingsserien)
- Bei Geldsammlungen: Einnahmen, Ausgaben

Verzeichnisse

Für einen arbeitsorientierten Unterricht ist es beispielsweise notwendig, die Verzeichnisse der verfügbaren Karteien aufzuschreiben. Beim Entstehen einer kleinen Klassenbücherei empfiehlt es sich, für jedes Buch eine Karteikarte zu schreiben bzw. das Verzeichnis in den Computer zu geben.

Pläne und Tabellen

Sitzpläne
Pläne für die Freiarbeit, den Tages- oder Wochenplanunterricht
Pläne von Klassenzimmer, Umgebung des Schulhauses anlegen und beschriften

Die Lust der Kinder, ihr Wissen aufzuschreiben

Da Kinder stolz auf ihr Wissen sind, wollen sie es anderen gerne mitteilen. Hier bieten sich Gelegenheiten für individuelles sachbezogenes Schreiben – keinesfalls allerdings für alle Kinder »in gleicher Front«. Die Aufgaben stellen sich bei entsprechenden Sachthemen. Kinder, die etwas darüber wissen, schreiben ihr Wissen auf – in Freiarbeit oder zu Hause.

Beispiel aus dem außerschulischen Schreiben im Grundschulalter:

Jochen legt sein geografisches Wissen dar:
Der Wüstengürtel der Erde

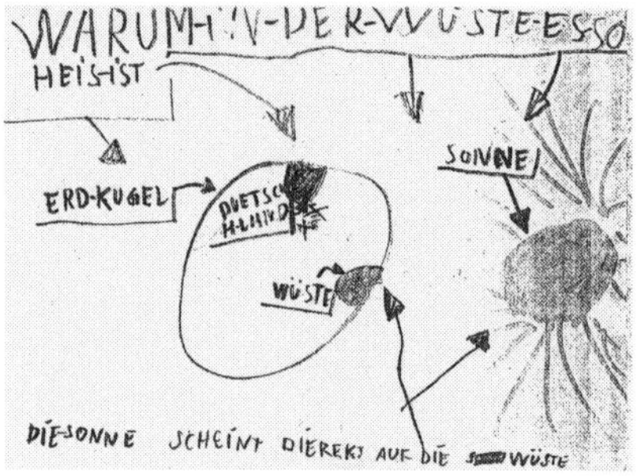

Abb. 79: Jochen G., 8 Jahre

2.4.3 Kinder und Infos

Informationen einholen

Beck/Hofen (1990) empfehlen für das Erstellen genauer Gegenstandsbeschreibungen Ratespiele, bei denen nach der Art des »Beruferatens« Merkmale der Gegenstände abgefragt, der Gegenstand danach bestimmt werden soll. Merkmale können sein:

- Farbe
- Größe
- Verwendungszweck
- Ort des Vorkommens

usw.

Solche Spiele können beliebig übertragen werden, beispielsweise bei Fastnachtsverkleidungen:

- Ratet, wie ich morgen kommen werde:
- Hast du eine Feder im Haar?
- Trägst du eine Pistole?
- Schminkst du dir die Lippen rot?

Informationen für andere

Eine Nachricht für Mama. Anke kommt nach der Schule nach Hause. Sie klingelt an der Haustür. Niemand öffnet. Sie nimmt den Schlüssel aus dem Ranzen und schließt auf. Auf dem Küchentisch findet sie folgenden Zettel:

»Ich bin schnell zu Opa gefahren.
Du findest dein Mittagessen im Kühlschrank. Mach es dir warm.
Vergiss deine Hausaufgaben nicht.
Ich bin gegen 17.00 Uhr zurück.
Mama«

Gegen 16.00 Uhr klingelt es. Ulla ist da: »Gehst du mit uns schwimmen? Wir dürfen bis 18.00 Uhr ins Freibad.«
»Ich gehe mit. Aber ich muss noch schnell meiner Mutter einen Zettel hinlegen, damit sie genau Bescheid weiß ...« Was schreibt Anke auf den Zettel?

Infos erstellen und austauschen
Sich genauer kennen lernen. Man kann sich auch anhand eines Fragenkatalogs besser kennen lernen. Kinder beschreiben sich dann etwa nach folgenden Kriterien:

- Name
- Größe, Schuhgröße
- Augenfarbe
- Lieblingsgerichte
- Lieblingsfernsehsendung (-schlager, -kleidung ...)
- Geschwister, Familie

Steckbrief. Wenn die Angaben besonders genau und umfassend sind, entsteht ein »Steckbrief«. Er sollte so sein, dass man die Person genau vor sich sieht, sie vielleicht malen kann (was die Kinder nach dem Steckbrief auch tun sollten). Zusätzliche Angaben:

- Haarfarbe, Art der Haare (dicht, blond, glatt ...)
- Augenfarbe,
- besondere Kennzeichen (z.B. Sommersprossen, lange Nase ...)
- Körperbau
- Größe

usw.

2.4.4 Schreiben zum Sachunterricht

Regelmäßige Eintragungen im Sachunterricht
In verschiedenen Bereichen des Sachunterrichts stellt sich die Aufgabe, kleine Eintragungen täglich oder wöchentlich über längere Zeit hinweg vorzunehmen. Diese Aufgaben nehmen Schüler abwechselnd wahr. Zum Beispiel:

- *Wetterbeobachtungen eintragen:* Die Eintragungen bestehen zum Teil nur aus Daten, die abgelesen wurden (z.B. Regenmenge, Windstärke, Wolkensymbole ...). Sie können aber auch aus kurzen Formulierungen zum Wetter bestehen, die kleine sprachliche Gestaltungsaufgaben darstellen:
- Wie heute das Wetter ist: Es regnet schon den ganzen Morgen. Außerdem ist es kalt und windig. Ein richtiges Sauwetter!

- *Beobachtungen an Pflanzen oder Tieren aufschreiben:* Bei Pflanzen handelt es sich oft um Langzeitbeobachtungen, z.B. des Wachstums. So kann man bei Tomaten wöchentlich feststellen, was sich verändert hat, wann sich die ersten Früchte gebildet haben und was man zur Pflege unternimmt, z.B. Düngungen, das »Ausgeizen« der Pflanzen, das Hochbinden …

Kinder schreiben selbstständig über Früher

Im Rahmen eines kleinen Unterrichtsprojektes »Reise in die Vergangenheit« ziehen die Kinder zum Teil selbst Erkundigungen über die Vergangenheit ein. Sie befragen Eltern. Großeltern, lesen in Büchern nach und schreiben dann ihr Wissen auf. So entstehen kleine Beiträge für ein Sammelbuch »Unsere Reise in die Vergangenheit«. Die Beiträge werden von den Kindern zum Teil handschriftlich, zum Teil auch mit einer im Klassenraum stehenden Schreibmaschine verfasst.

DAS RENNAUTO

Mein Vater hatte dieses Rennauto)

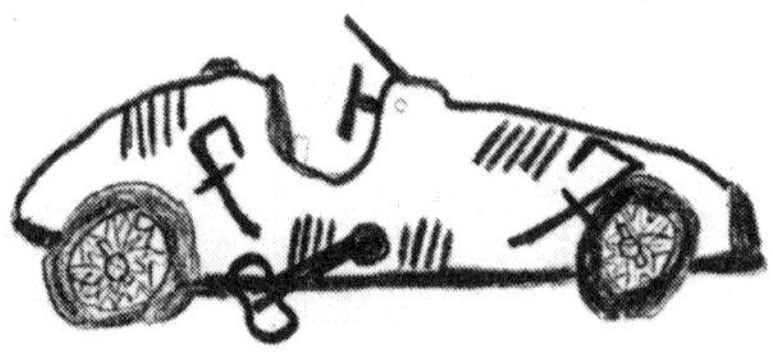

Zum elften Lebensjahr geschenkt bekommen. Da es zu dieser Zeit
fast nur Kleider und Schuhe gab, zu den Geburtstagen, war er
sehr glücklich, als er es sah .

Es bestand aus:
Blech
Eisen
Plastik und
Gummi
Er spielte im Haus und auf dem Hof damit.

Abb. 80: Das Rennauto (»Unsere Reise in die Vergangenheit« – Gemeinsames Projekt im Rahmen eines Fachpraktikums der Universität in Landau in der 3. Klasse. Weigel, Grundschule Wollmesheimer Höhe Landau)

Niederschriften nach einem Erkundungsgang anlegen

Beispiel: Im Wald

Die Kinder haben einen Ausflug auf eine Waldlichtung gemacht und dort alte und junge Bäume gesehen. Die Kinder verarbeiten das Erlebnis in relativ freier Niederschrift. In die sachliche Berichterstattung eines Kindes mischt sich subjektives Empfinden: Der kleine Tannenbaum erhält menschliche Züge: Er will auch so groß werden wie die anderen Bäume.

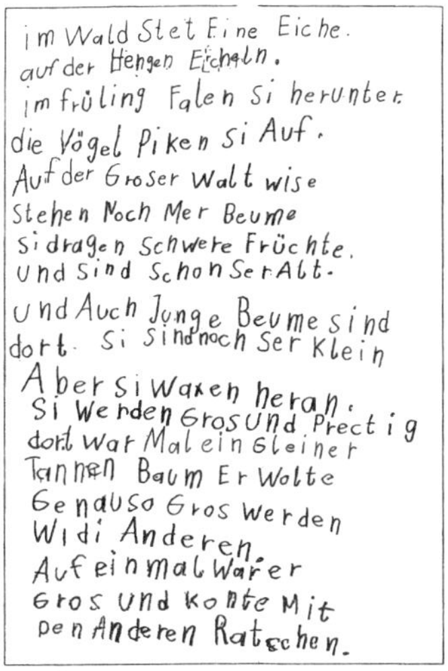

Abb. 81: Aus: Büchner 1990, S. 20

Beispiel: Stadtführer in Landau/Pfalz. Die Kinder setzen ihr Wissen einen Stadtführer um.

Abb. 82: Aus: Stadtführer Landau von Kindern für Kinder, 4. Klasse. Wollmesheimer Höhe Landau, S. 11

Verarbeiten von Erlebtem

Intensive Erlebnisse geben Stoff zum Schreiben. So kann beispielsweise nach einem Aufenthalt im Schullandheim eine gemeinsame Erinnerungsmappe zusammengestellt werden, zu der die Kinder selbst Beiträge schreiben – interessante, sachbezogene Schreibanlässe.

Bericht aus einem Museum

Im Zusammenhang eines Schullandheimaufenthaltes berichten die Kinder über ihre Erfahrungen in einem Bürstenbindermuseum.

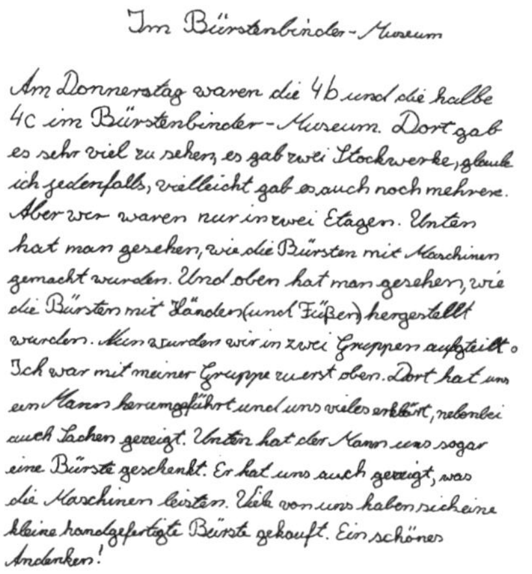

Im Bürstenbinder-Museum

Am Donnerstag waren die 4b und die halbe 4c im Bürstenbinder-Museum. Dort gab es sehr viel zu sehen, es gab zwei Stockwerke, glaube ich jedenfalls, vielleicht gab es auch noch mehrere. Aber wir waren nur in zwei Etagen. Unten hat man gesehen, wie die Bürsten mit Maschinen gemacht wurden. Und oben hat man gesehen, wie die Bürsten mit Händen (und Füßen) hergestellt wurden. Nun wurden wir in zwei Gruppen aufgeteilt. Ich war mit meiner Gruppe zuerst oben. Dort hat uns ein Mann herumgeführt und uns vieles erklärt, nebenbei auch Sachen gezeigt. Unten hat der Mann uns sogar eine Bürste geschenkt. Er hat uns auch gezeigt, was die Maschinen leisten. Viele von uns haben sich eine kleine handgefertigte Bürste gekauft. Ein schönes Andenken!

Abb. 83: 4. Schuljahr

Lieblingsrezepte

Aus dem Unterricht stammen Rezepte, die tatsächlich nachgekocht wurden. Beispiel: »Bärentatzen«. Aufgabe der Kinder ist es, die Rezepte weitgehend frei aufzuschreiben.

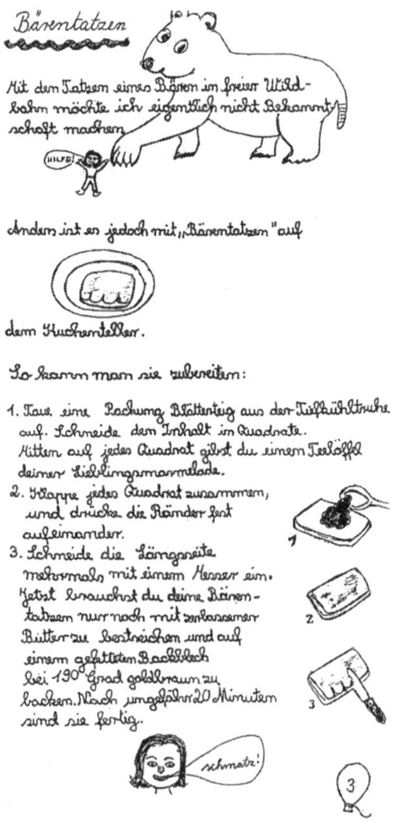

Bärentatzen

Mit den Tatzen eines Bären in freier Wildbahn möchte ich eigentlich nicht Bekanntschaft machen.

Anders ist es jedoch mit „Bärentatzen" auf dem Kuchenteller.

So kann man sie zubereiten:

1. Taue eine Packung Blätterteig aus der Tiefkühltruhe auf. Schneide den Inhalt in Quadrate. Mitten auf jedes Quadrat gibst du einen Teelöffel deiner Lieblingsmarmelade.
2. Klappe jedes Quadrat zusammen, und drücke die Ränder fest aufeinander.
3. Schneide die Längsseite mehrmals mit einem Messer ein. Jetzt brauchst du deine Bärentatzen nur noch mit zerlassener Butter zu bestreichen und auf einem gefetteten Backblech bei 190 Grad goldbraun zu backen. Nach ungefähr 20 Minuten sind sie fertig.

Abb. 84: Schülerzeitung 4. Schuljahr

In diesem Fall schreibt das Kind das Rezept auch zum Zweck der Unterhaltung der Leser des »Buches« aus dem Schullandheimaufenthalt. So ist der lustige Vergleich zwischen richtigen Bärentatzen und gebackenen ein heiterer Einstieg, eine Verlockung, den trockenen Rezepttext zu lesen. An diesem Beispiel sieht man, dass sachbezogenes und unterhaltendes Schreiben nicht immer zu trennen sind.

Rezepte müssen genau und ohne sachliche Fehler geschrieben werden, sonst werden die Schreibfehler zu »Kochfehlern«. Sie müssen auch genaue Angaben zu Zutaten, Kochzeiten usw. enthalten. Daher sind die Kinder nicht ohne weiteres in der Lage, diese Angaben in der richtigen Reihenfolge und einer genauen Sprache, einschließlich Fachbegriffen, schriftlich niederzulegen. Eine Vorbereitung empfiehlt sich. Auch Überarbeitungen von Geschriebenem sind notwendig.

Sabine Pastewka empfiehlt die Vorbereitung der schriftlichen Fassung durch ein Gespräch über das Rezept, das auf eigenen Kocherfahrungen der Kinder aufbaut. So werden die Tätigkeiten in eine angemessene Sprache gefasst:

- Sahne wird geschlagen.
- Zwiebeln werden gedünstet.
- Würstchen werden erhitzt.
- Der Teig wird gerührt, bis er glatt ist.

usw.

Variante: Schreiben eines Rezeptes mit Bildern. Beispiel: Wir kochen Gemüsesuppe.

Was wird auf den Bildern gemacht?
Ordne mit Zahlen von 1 bis 8!

- O Gemüse schneiden
- O würzen
- O Gemüse in den Topf geben
- O kochen
- O mit Wasser auffüllen und umrühren
- O Gemüse putzen oder schälen
- O Gemüse waschen
- O Guten Appetit!

Abb. 85: Aus: Buchner 1990, S. 42f.

Rezepte aufschreiben und austauschen

Rezepte aufzuschreiben wird eigentlich nur dann interessant, wenn man davon profitiert. So können Kinder Lieblingsrezepte aufschreiben und sich gegenseitig austauschen. Sie werden dann (teilweise in der Schule, meist aber in den Familien) nachgekocht und bewertet. Dabei ergeben sich auch sachliche Rückfragen:

- Muss da so viel Mehl rein?
- Stimmt das mit der Backzeit eigentlich?

Kinder erstellen selbst ein Nachschlagewerk

Beispiel: Ein eigenes Baumheft anlegen. Dieses Beispiel ist der Darstellung einer Unterrichtseinheit »Lernen im Wald. Bestimmen und Kennenlernen von Bäumen« (Sabine Bonnkirch. Universität in Landau 1998) entnommen. Die Kinder sammeln im Herbst im Wald Blätter und Früchte in Plastiktüten und beschriften sie, sodass die Bezeichnungen in der Schule abgerufen werden können. Nach dem Trocknen des gesammelten Materials legen die Kinder selbstständig ein eigenes Bestimmungsheft an:

- Aufkleben der Blätter und Früchte auf einem weißen Blatt Papier,
- Bild/Foto des Baumes
- Schreiben: Kurzer Erkennungstext zu den Erkennungsmerkmalen des Baumes. Dazu verwenden die Kinder ihr eigens erworbenes Wissen, evtl. ergänzend Sachkarteien oder Sachbücher.

Je nach Vermögen fallen die selbst geschriebenen Texte unterschiedlich exakt und umfangreich aus. Sie sind aber wertvoller als lediglich abgeschriebene Einheitstexte.

> **Variante:**
> Die Baum-Materialien sowie Erkennungstexte können auch an einer Seitenwand zu einem Baum-Wandfries zusammengestellt werden. Hier können auch größere Pflanzenstücke (Rinde, Zweige …) angebracht werden. Wichtig ist, dass die Kinder die Texte möglichst selbstständig (evtl. auch in Partnerarbeit) erstellen.

Kinder schreiben Sachbücher

Geschlossene umfangreichere Sachthemen können durch die gemeinsame Erstellung eines »Buches« abgeschlossen werden. Dabei tragen alle Kinder in irgendeiner Weise zur inhaltlichen und formalen Gestaltung bei. Allzu eng sollte die Lehrerführung dabei nicht sein. Besser ist es, wenn die Kinder möglichst selbstständig ihre Texte aus Erinnerung und Wissen heraus verfassen als wenn ganz perfekte lehrergefertigte Texte aufgenommen werden. In der Grundschule Bliesransbach entstand so ein »Buch der Lurche«. Die Kinder haben es durch Einzelbeiträge entstehen lassen.

DIE KLEINE KEZA

Die kleine Keza, ein kleiner Salamander, ist 32 cm lang
und 2,5 cm breit.
Sie ist schwarz-gelb.
Keza stellt viele Sachen an.
Das letzte Mal kam sie zu uns in den Garten, um sich
etwas zum Essen zu suchen,
Sie ist noch sehr jung und klein, denn Salamander können
3 m groß werden.
Keza hat keine Eltern mehr, sie sind unter ein Auto ge =
kommen.
Das war die Lügengeschichte von Keza .

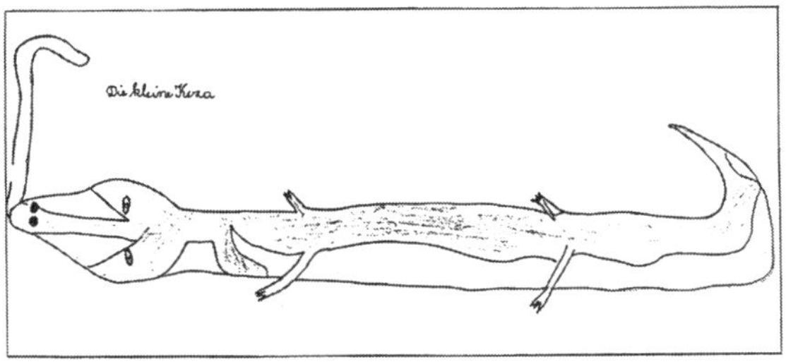

Abb. 86: Aus: Scheuer, G. (Hrsg.): Das Buch der Lurche. Grundschul-Verlag, Bliesransbach 1988

2.4.5 Ideen zum sachbezogenen Schreiben aus der Freinet-Pädagogik

Genaue Beschreibung eines Vorfalls:
Mein Großvater hat sich am Bein verletzt (individueller Text)
Hier beschreibt ein Schüler sehr sachgenau die Einzelheiten eines Ereignisses, das ihn offensichtlich sehr beeindruckt hat. Solche individuellen Schülertexte können Material für den Sachunterricht sein (hier: Unfall, Krankheit …)

Mein Großvater hat sich am Bein verletzt.

Am Samstag, den 18.November,hat Großvater ein Lamm zum Säugen angelegt, aber das Lamm wollte nicht trinken. Großvater hat sich aufgerichtet,da ist sein Knie

EINGEKNICKT.

Onkel Bernard hat meinen Papa gerufen;so haben sie Opa aus dem Lammgatter (das sind durch Schnüre verbundene Pfosten) herausgeholt.
Man hat ihn ins Haus getragen und wir haben den Arzt angerufen. Am nächsten Tag hat der Doktor ihn durchleuchtet und gesagt,daß Opa ins Krankenhaus muß. Papa hat ihn ins Krankenhaus gebracht,dort haben sie eine Röntgenaufnahme gemacht.Der Doktor hat

ÜBERALL

nachgeschaut.Er hat den Meniskus gesucht! Sie haben ihn unter Narkose gesetztund dann operiert. Um ihn zu operieren, haben sie ihm Schläuche in die Nase geführt und eine große Flasche darübergehängt.Jetzt hat Opa Gips um sein Bein, er ist hart: man

KANN DARAUF HERUMKLOPFEN.

Was komisch ist:Opa konnte im Krankenhaus nicht telefonieren, er hatte kein Kleingeld,nur

GELDSCHEINE.

In seinem Krankenzimmer gab es eine

BLUME.

Mein Opa hat sich Krücken gekauft.Onkel Bernard hat ihn abgeholt.
Sein Bein darf nicht belastet werden.

Cendrine

Abb. 87: Aus: Laun [2]1983, S. 366

Anleitung zur Herstellung eines Gegenstandes

Beispiel: Gruselkiste. »Huch, wie gruselig ... Ach lass mich auch mal hineinschauen ...« Anne und Peter haben einen kleinen Schuhkarton vor sich. Es ist aber ein besonderer Karton, eine Gruselkiste ... »Du musst ein Guckloch in den Karton schneiden. Gegenüber von dem Guckloch bringst du am besten einen Spiegel an«. Bindfäden quer durch die Kiste gespannt stellen Spinnfäden dar. Kleine gruselige Spielgegenstände in der Kiste erschrecken den Zuschauer ... »Du kannst es selbst probieren ... Schreibe dann eine Bastelanleitung für andere Kinder!«

Genaue Darstellung einer Handlung

Beobachtungen in einer Bäckerei: Wie Brot gebacken wird (gemeinsamer Text). Freinet schätzt den Wert gemeinsam (Lehrer/in mit Kindern) erstellter Texte hoch ein. Dabei lernen die Kinder im Bemühen um genauen Ausdruck neue Fachbegriffe (im Text unterstrichen) kennen, die sie aus ihren Beobachtungen heraus verstehen (z.B. die drei üblichen Größen des französischen Weißbrotes »flûte«, »baguette« und »ficelle«). Die »freien« Texte der Freinet-Pädagogik haben genaue Sachkenntnisse der Kinder, eine gewissenhafte Arbeitshaltung und eine akribische Spracharbeit als Grundlage.

In der Bäckerei

Um Brot zu backen, schüttet Herr Sancéré Mehl, lauwarmes Wasser, Salz und Hefe in den Backtrog. Das Teigwerk dreht sich etwa 20 Minuten. Der Teig ist fertig, muß aber noch gehen. Der Bäckerei-Arbeiter schneidet den Teig, wiegt ihn, während der Ausformer ihn zu Kugeln formt, und legt ihn in einen Schrank. Danach werden die Kugeln von einer Maschine als "baguettes", "flûtes" und "ficelles" ausgeformt und nebeneinander auf einem mit Leintuch bespannten Eisenblech ausgelegt. Sie kommen in den Kühlschrank bis zu dem Zeitpunkt, an dem sie gebacken werden.

Um das Brot in den Backofen zu schaffen, legt man es auf ein Förderband, das einem rollenden Bett im Krankenhaus ähnelt und das sich in Gang setzt, wenn man auf einen Knopf drückt.

Um das Brot aus dem Ofen zu nehmen, wenn es gebakken ist, nimmt man eine Schaufel mit einem langen Stiel, die der Bäcker in den Backofen schiebt.

Abb. 88: Kopie aus: Laun, R.: Freinet – 50 Jahre danach. bvb-edition Schmidt-Herb & Mehlig, Heidelberg [2]1983, S. 152; Vertrieb: Verlag MEDIA COMMUNIKATION

Ein Sachtext kann auch ein Problemtext sein

Herkunft aus Afrika. Hinter einer scheinbar neutralen Aussage kann sich ein Problem oder ein Konflikt verbergen: Carole vergleicht sich mit dem Goldfisch, der wie sie aus Afrika kommt, als Tochter eines Algerienfranzosen. Ob sie sich ähnlich allein wie der Goldfisch vorkommt?

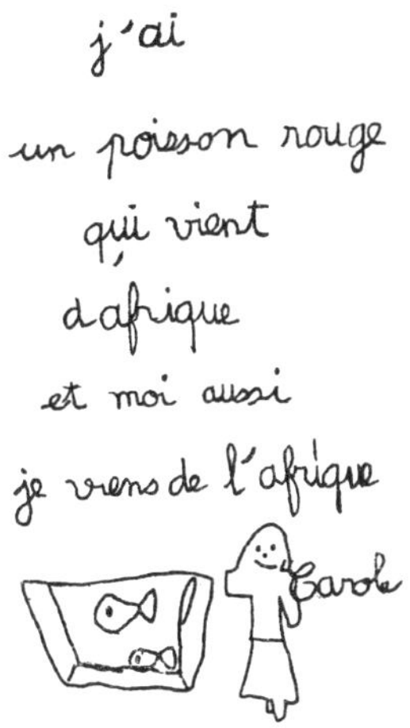

Abb. 89: Kopie aus: Laun, R.: Freinet – 50 Jahre danach. bvb-edition Schmidt-Herb & Mehlig, Heidelberg [2]1983, S. 239; Vertrieb: Verlag MEDIA COMMUNIKATION

»Befreiendes« Schreiben

Wichtige, eingreifende und interessante Ereignisse fordern meist auch den (schriftlichen) Ausdruck der Kinder heraus. Die Kinder schreiben dann gerne etwas auf. Allerdings ist dies als individuelle, freiwillige Sache Erfolg versprechender als Schreiben auf gleicher »Klassenfront«. Das Ereignis der Wiedervereinigung Deutschlands hat bei Kindern der ehemaligen DDR bleibende Eindrücke und starke Emotionen hervorgerufen. Das Beispiel aus dem Grundschulalter zeigt, dass die Kinder bei aller naiven Ereignisgläubigkeit doch bereits Problembewusstsein besitzen: Die Welt ist nicht so »heil« wie sie scheint.

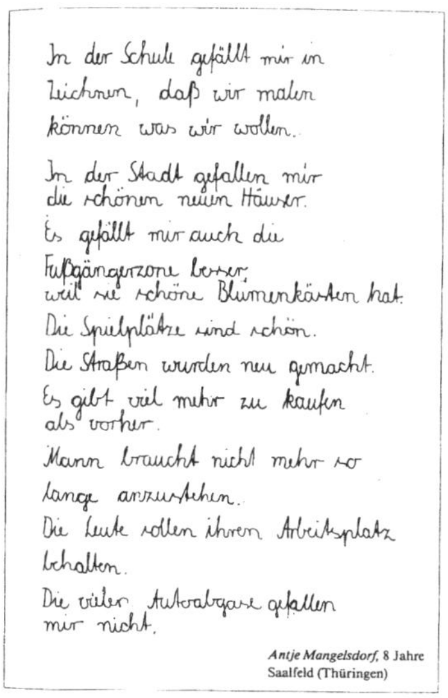
In der Schule gefällt mir in
Zeichnen, daß wir malen
können was wir wollen.
In der Stadt gefallen mir
die schönen neuen Häuser.
Es gefällt mir auch die
Fußgängerzone besser,
weil sie schöne Blumenkästen hat.
Die Spielplätze sind schön.
Die Straßen wurden neu gemacht.
Es gibt viel mehr zu kaufen
als vorher.
Mann braucht nicht mehr so
lange anzustehen.
Die Leute sollen ihren Arbeitsplatz
behalten.
Die vielen Autoabgase gefallen
mir nicht.

Antje Mangelsdorf, 8 Jahre
Saalfeld (Thüringen)

Abb. 90: Aus: Rusch, R. (Hrsg.): Plötzlich ist alles ganz anders. Kinder schreiben über unser Land.: Eichborn, Frankfurt 1992, S. 37

2.4.6 Schreiben zu Sach-Bilderbüchern

Viele Anregungen dazu gibt G. Hollstein in »Werkstatt Bilderbuch« (1999).

Kinder schreiben Buchempfehlungen zum Sachunterricht

Kinder bilden sich schon im Laufe der Grundschulzeit manchmal zu Experten in bestimmten Sachfragen aus (z.B. Dinosaurier, Pferde, Sonnensystem, Eisenbahn ...). Sie kennen dann oft auch zahlreiche gute und kindgerechte Bücher zum Thema. So liegt es nahe, dass sie für ihre Klassenkameraden Buchempfehlungen aufschreiben. Dies kann in freier Form erfolgen oder nach einem Schema. Ein Beispiel für ein solches Schreibschema gibt G. Hollstein (1999, S. 154).

Dieses Buch habe ich gelesen

Das Buch heißt (Titel):

____

Der Autor/die Autorin heißt: ______________

Die Bilder sind von: ______________

Der Verlag heißt: ______________

Dieses Bild habe ich zum Buch gemalt:

Davon handelt das Buch (Inhalt):

____

Das Buch gefällt mir gut / nicht so gut:

____

Ich empfehle das Buch für die Klasse ___, weil ... /
Ich empfehle das Buch nicht, weil...

____

Abb. 91: Aus: Hollstein 1999, S. 154

Exzerpierendes Schreiben aus einem Sach(bilder)buch

Im Sachunterricht ist es wichtig, dass die Kinder lernen, Informationen aus Texten zu entnehmen. Sie lesen Sachbuchtexte, unterstreichen wichtige Stellen und berichten oder schreiben zusammenfassend darüber. Es ist wichtig, den Kinder abgegrenzte Texte zur Verfügung zu stellen, die auch bebildert sind, und die Informationssuchaufgabe genau abzugrenzen. Beispiel: Schreibe auf, wie die Menschen zum ersten Mal erfuhren, dass es in früheren Zeiten sehr große Tiere gab, die man bis dahin noch nicht gekannt hatte. Die Kinder lesen das Einleitungskapitel zu »Dinosaurier« (»Was ist was«, 1972 S. 3f.) durch. Der kurze Text könnte dann lauten: Vor ungefähr 120 Jahren fanden Bauarbeiter in einer Baugrube riesige Knochen und Zähne. Ein Wissenschaftler, der zufällig von den Funden erfuhr, stellte fest, dass es sich um bisher unbekannte Tiere handelte. Er konnte ein ganzes Skelett zusammenstellen und gab den Tieren den Namen Dinosaurier.

2.4.7 Meinungen, Wünsche, Privates

Einladungen

Bei einer Einladung möchte man, dass die Eingeladenen auch kommen. Also muss die Einladung nicht nur alle Infos enthalten, sondern auch so geschrieben sein, dass im Adressaten positive Erwartungen geweckt werden. Eine Einladung in ganz sachlichem Stil ist sicher korrekt (z.B. an die Nachbarklasse für eine kleine Kasperltheateraufführung):

> An alle Kinder der Klasse 2b.
> Am Mittwoch nächster Woche führen wir, die Kinder der 2a, ein Kasperle-Stück auf. Kommt doch um 10.00 Uhr in die Pausenhalle!

Man kann aber auch Spannung hervorrufen:

> Kennt ihr die Geschichte vom Räuber Hotzenplotz? Ihr seid sicher gespannt, ob die Großmutter ihre Kaffeemühle wieder zurück bekommt.

Private Einladungen

Möglichst alle Kinder sollen lernen, eine Einladung an andere Kinder korrekt zu schreiben. Prototyp ist eine Geburtstagseinladung: Wichtig ist, dass alle Infos enthalten sind: Anlass der Einladung, Datum und Uhrzeit, Adresse, Anrede, Gruß und Unterschrift. Die Kinder können solche Einladungen, um sie zu üben, in vielen Variationen schreiben, auch scherzhaft:

- Einladung zum eigenen 80. Geburtstag.
- Einladung zum Gurkenfest.
- Einladung zur Osterhasenernte.

usw.

Eine Geburtstagseinladung

»Ich will dich zu meinem Geburtstag einladen«, sagt Peter morgens in der Pause zu Alex. »Da ist die Einladung. Es steht alles drauf.« Peter öffnet den Brief und liest:

Einladung:
Ich lade dich zu meinem Geburtstag ein.
Es gibt gute Sachen zu essen.
Wir machen auch tolle Spiele.
Kommst du?
Peter

»Mm«, brummt Alex. »Da muss ich Peter aber noch einiges fragen.«

Mit anderen korrespondieren

Kinder korrespondieren regelmäßig mit einer Partnerklasse im In- oder Ausland. Dabei wird jeweils über das Klassengeschehen berichtet. Es stellt sich immer die Frage einer Briefgestaltung. Diese Briefe können gemeinsam gestaltet werden. Eine Alternative ist eine Art Wettbewerb: Wer schreibt den besten Brief (der dann verschickt wird).

Beispiele:

- Leserbriefe der Klasse an die örtliche Zeitung.
- Grüße an einen erkrankten Mitschüler.
- Briefe an einen Schriftsteller, dessen Kinderroman man gerade gelesen hat: Fragen, Probleme, auch Lob oder Kritik.
- Anfragen an Institutionen bzgl. sachkundlicher Themen: z.B. an die örtliche Feuerwehr hinsichtlich des Einsatzplanes, der Geräteausstattung …
- Erkundungen bei der Gemeindeverwaltung hinsichtlich der Ämter und der Aufgabenverteilung …

Wer hat Recht?

Kinder äußern oft vorschnell eine Meinung, ohne zu prüfen, ob der Sachverhalt korrekt wiedergegeben wurde. Die zentrale Frage bei Meinungsverschiedenheiten ist oft: Wie war es wirklich? Beispiel: Wir beschreiben etwas aus der Erinnerung: z.B. welchen Anorak Petra, Ralf, Simone … heute Morgen anhatten. Hier ergeben sich bereits unterschiedliche Aussagen. Es besteht die Möglichkeit, am Objekt die Aussagen zu kontrollieren.

Für und wider

Klassenereignisse können unterschiedliche Meinungen in der Klasse erzeugen. Durch schriftliche Behandlung kann man die Diskussion versachlichen. Beispiel: Wo soll die Klassenfahrt hingehen: Burg oder Heimatmuseum? Die Kinder schreiben für sich ihre Argumente auf. Die werden nach Pro und Contra geordnet. Dabei kann auch Gruppenarbeit eingesetzt werden. Die Argumente werden dann gesammelt, geordnet und gewichtet. Dann kann eine Entscheidung gefällt werden.

2.4.8 Wege zum sachbezogenen Schreiben

Das mündliche Gespräch

Im mündlichen Gespräch im Sachunterricht, begleitend zu Beobachtungen von Tieren, Versuchen, Tätigkeiten … oder im Anschluss daran werden Grundlagen für das Schreiben gelegt. Beispiel: Bei der Vorbereitung eines kleinen Geburtstagsfestes im Klassenzimmer muss darüber gesprochen werden, was man alles für das Decken eines Geburtstagstisches braucht: Gedecke, Kerzen, Servietten … Daraus entstehen dann Notizen, die sich jedes Kind macht, um am nächsten Tag das Richtige zur Gestaltung des Geburtstagsfestes mitzubringen.

Spielen einer Handlung oder Szene bereitet das Schreiben vor

Zum Beispiel Anleitung zum Verhalten beim Unterrichtsgespräch: Es soll eine knappe schriftliche Verhaltensanleitung beim Gespräch entstehen. So spielen die Kinder in der Klasse Verhaltensweisen beim Gespräch, die erwünscht oder unerwünscht sind zum Beispiel:

- auf die Aussage eines Kindes eingehen,
- einen anderen nicht ausreden lassen,
- eine Frage beantworten,
- alle zusammen reden,
- sich dem anderen beim Gespräch zuwenden

usw.

So können die Kinder dann diese Punkte selbstständig aufschreiben, bevor diese Einzelentwürfe zu einer gemeinsamen Gesprächsanleitung verarbeitet werden, etwa in folgender Art:

- Wir wollen beim Gespräch aufeinander hören.
- Niemand darf ausgelacht werden.
- Wir lassen den Sprecher immer ausreden.
- Wir …………..

Pantomimische Vorbereitungen

Sönke Zander empfiehlt als Vorbereitung für die Erstellung eines Berichts (über ein Geschehen) die Pantomime.

Beispiele:

- Der faule Peter macht Hausaufgaben: »Peter packt seine Schulsachen aus – legt sie auf dem Tisch zurecht – schreibt ein Wort – guckt aus dem Fenster – schreibt ein Wort – kaut auf dem Federhalter – schreibt ein Wort – kaut auf dem Federhalter – schreibt ein Wort – spielt mit einem Spielzeugauto – schreibt ein Wort – malt Männchen usw.«
- Die laufende Geldbörse: »Uwe befestigt einen Bindfaden an einer Geldbörse – legt die Geldbörse auf den Gehsteig – versteckt sich hinter einer Ecke (Schulbank) – Ein Mann kommt vorbei und sieht die Geldbörse – er bückt sich danach, aber die Geldbörse »läuft« weg – er rennt hinterher – Uwe zieht schneller – der Mann rennt schneller und prallt schließlich mit Uwe zusammen – erst Ärger, dann Gelächter …

Nach der Pantomime empfiehlt sich eine Gesprächsphase, bei der die Kinder versuchen, den Handlungsablauf mündlich darzustellen. Sie machen dabei Fehler. So sollte die Pantomime wiederholt werden. Danach können die Kinder versuchen, eine schriftliche Fassung zu erstellen, die dann gemeinsam besprochen und verbessert wird.

Regelmäßige Eintragungen ins Tagebuch

Die Einrichtung eines Klassentagebuches führt dazu, dass die Kinder reihum kurze Eintragungen zu wichtigen Ereignissen zum schulischen Geschehen machen. Sie werden dazu gebracht, das Geschehen aufmerksam zu beobachten, sich auf Wesentliches zu konzentrieren und es genau aufzuschreiben. Regelmäßig sollte vorgelesen werden, was in dieses Buch geschrieben wurde. Die Kurzeintragungen bereiten den längeren Bericht vor.

Beispiele:

- Heute Morgen um 10.00 Uhr kam der Schulzahnarzt zu uns und hat sich unsere Zähne angeschaut. Bei mir hat er zum Glück nichts gefunden (Michael).
- Gestern haben wir eine kleine Wanderung gemacht. Wir haben uns den Garten bei Hoffmanns angeschaut. Da waren schon die Schneeglöckchen und die Krokusse zu sehen. Man nennt sie Frühblüher.

Treffender sprachlicher Ausdruck

Im Verlauf des Sachunterrichts entsteht die Notwendigkeit, Vorgänge, Gegenstände, Veränderungen sprachlich genau zu fassen. Dabei ergibt sich zwingend eine gründliche semantische Arbeit, die schriftliche Texte vorbereitet.

Beispiele:

- Obstsalat aus exotischen Früchten (Lernen in Verbindung mit der Realität)
- Das Aufschreiben eines Rezeptes macht es notwendig, die Früchte genau zu benennen (auch rechtschriftlich zu präzisieren). Die Kinder lernen Begriffe wie Pomelo, Litschi, Sternfrucht, Mango … (jeweils in Verbindung mit Aussehen, Form und Geschmack der Frucht).
- Arbeiten am Bau (mit Bildern zur sprachlichen Genauigkeit).

Zu jedem wichtigen Arbeitsschritt formulieren die Kinder einen Satz (dabei Fachbegriffe wie Dachstuhl, Installateur …)

Der Architekt zeichnet den Bauplan.

Der Bagger hebt die Baugrube aus.

Der Maurer baut die Mauern.

Der Zimmermann setzt den Dachstuhl auf.

Der Dachdecker deckt das Dach mit Ziegeln.

Der Glaser setzt die Fenster ein.

Der Installateur baut die Heizung.

Der Verputzer verputzt die Wände.

Der Plattenleger legt Fliesen.

Der Maler streicht und tapeziert die Wände.

Abb. 92: Aus: Wagner 61986, S. 175f.

Als Reporter unterwegs (genaues Berichten)

Ein Schüler eines dritten Schuljahres schreibt folgenden Beobachtungsbericht zu einem Verkehrsunfall: »Bei der Heimfahrt aus meinen Ferien erlebten wir auf der Autobahn bei Stuttgart einen Verkehrsunfall. Ein Personenwagen war auf einen anderen aufgefahren. Zum Glück gab es nur Blechschaden. Personen wurden nicht verletzt. Und so war es zu dem Unfall gekommen: Der vordere Wagen musste wegen einer Baustelle abbremsen. Der Fahrer des nächsten Wagens merkte das nicht gleich und bremste zu spät. Er rutschte dem vorderen Wagen mit lauten Krach auf den Kofferraum. Zum Glück war gerade nicht viel Verkehr. So konnten die anderen Autos noch bremsen. Trotzdem gab es einen Stau. Nach einigen Minuten hörten wir Blaulicht. Es war die Polizei …«

(Nach: Beck 1969, S. 240f.)

Informationen einholen

Ein Schriftsteller wird in die Klasse eingeladen. Die Kinder planen die Fragen, die sie ihm stellen werden, und führen während des Gesprächs Protokoll (bzw. schreiben vom Tonbandgerät die Antworten zu den gestellten Fragen ab):

- Wo wohnen Sie heute?
- Wo wurden Sie geboren?
- Wann haben Sie angefangen, Bücher für Kinder zu schreiben?
- Was haben Sie schon alles geschrieben?

usw.

Fragespiele

Das Fragespiel »Ich sehe was, was du nicht siehst, das ist …« eignet sich gut zur genauen Merkmalsfeststellung von Gegenständen (Personen …):

- Ist das Ding aus Holz, Eisen, Marzipan …?
- Welche Farbe hat es? Ist es gelb, grün …?
- Ist es groß, klein, schwer, zum Aufblasen, schwimmt es …?

Die Antworten erfordern exakte Merkmalsangaben.

Literaturverzeichnis

Andresen, U./Popp, M.: ABC und alles auf der Welt. Ravensburg 1984.

Bachmann, F./Chiout, H./Steffens, W.: Klang, Reim, Rhythmus. Gedichte für die Grundschule. Frankfurt a.M. 1972.

Baillet, D.: Freinet praktisch. Beispiele aus Grundschule und Sekundarstufe. Weinheim 1983.

Balhorn, H. (Hrsg.): Geschichten von Kindern – Geschichten für Kinder. Deutsche Gesellschaft für Lesen und Schreiben e. V. Hamburg 1991.

Balhorn, H./Brügelmann, H. (Hrsg.): Welten der Schrift in der Erfahrung der Kinder. Konstanz 1987.

Barfaut, W.: Der Schreibunterricht. Weinheim und Basel 1968.

Bartl, A./Wickler, K.: Spiel und Spaß mit Wörtern. Gedichte für den Unterricht. Rheinbreitenbach 1993.

Beck, O.: Aufsatzerziehung und Aufsatzunterricht. Bad Godesberg 1969.

Beck, O.: Sprachspiele – Spiele mit Sprache. In: Beck, O./Payrhuber, F.-J./Steffens, W. (Hrsg.), Praxis des Aufsatzunterrichts. Freiburg 1981, S. 122–148.

Beck, O./Hofen, N.: Aufsatzunterricht Grundschule. Hohengehren 1990.

Beck, O./Payrhuber, F.-J./Steffens, W. (Hrsg.): Praxis des Aufsatzunterrichts. Freiburg 1981.

Bergk, M.: Rechtschreibenlernen von Anfang an. Frankfurt a.M. 1987.

Birkel, A.: Schriftpflege in den Unter-, Mittel- und Oberklassen der Volksschule. Stuttgart ^{2}1964.

Birner, H.: Kreative Gestaltungsübungen im Deutschunterricht der Mittelstufe. Lyrik – Hörspiel. München 1978.

Blöchliger, R. (Hrsg.): Bildergeschichten. Freiburg ^{2}1970.

Blumenstock, G./Blumenstock, L.: Fimi-Fibel. Bühl 1998.

Blumenstock, L.: Aufbau der Fähigkeit zum Schreiben und freien Schreiben mit einem Fibel-Lehrgang. In: Hegele, I. (Hrsg.), Lernziel: Texte schreiben, überarbeiten und gestalten. Unterrichtsbeispiele aus der Grundschule. Weinheim und Basel 2000, S. 15–36.

Blumenstock, L./Renner, E. (Hrsg.): Freies und angeleitetes Schreiben. Weinheim und Basel ^{4}1996.

Blumenstock, L.: Michael schreibt. Spontanes Schreiben im Vor- und Grundschulalter. Heinsberg 1986.

Blumenstock, L.: Mitmachfibel. Bühl 1992.

Bonnkirch, S.: Lernen im Wald. Landau (unveröffentl. Wiss. Hausarbeit) 1998.

Boueke, D./Hopster, N. (Hrsg.): Schreiben – Schreiben lernen. Tübingen 1985.

Brenner, G.: Kreatives Schreiben. Ein Leitfaden für die Praxis. Mit Texten Jugendlicher. Frankfurt a.M. 1990.

»Brücken«. Mitteldeutsches Lesebuch. 4. Schuljahr. Bühl 1995.

Brückl. H.: Mein Buch. München 1941.

Brückl, H.: Mein erstes Buch. München 1962.

Brügelmann, H. (Hrsg.): ABC und Schriftsprache: Rätsel für Kinder, Lehrer und Forscher. Konstanz 1986.

Brügelmann, H.: Die Schrift entdecken. Konstanz 1984.

Brügelmann, H.: Kinder auf dem Weg zur Schrift. Eine Fibel für Lehrer und Laien. Konstanz ^{2}1986.

Brügelmann, H./Balhorn, H. (Hrsg.): Schriftwelten im Klassenzimmer. Lengwil am Bodensee 1995.
Büchner, C.: Schreibvergnügen. München 1990.
Burg, S.: Schreibwerkstatt – Plädoyer für einen neuen Weg im Schreibunterricht. Bericht aus einem 4. Schuljahr. In: Hegele, I. (Hrsg.), Lernziel: Offener Unterricht. Unterrichtsbeispiele aus der Grundschule. Weinheim und Basel 1994, S. 77–96.
Busch, W.: Und die Moral von der Geschicht. München 1982.
Christen, V. (Hrsg.): Schnick, Schnack, Schabernack. Oldenburg-Hamburg 1972.
Dandl, F.: Jahrmarkt-ABC. Kursiv-Verlag, München 1985.
Dehn, M.: Schlüsselszenen zum Schriftspracherwerb. Arbeitsbuch zum Lese- und Schreibunterricht in der Grundschule. Weinheim 1994.
Dehn, M.: Zeit für die Schrift. Bochum 1988.
Diener, K.: Schreibenlernen. Psychologische und didaktische Voraussetzungen. Stuttgart-Berlin-Köln-Mainz 1980.
Denzel. F.: Hopsi-Fibel. Freising o. J.
Der Bärenführer. Ein kunterbuntes Geschichtenbuch. München-Zürich-Wien 1968.
»Dinosaurier«. Reihe »Was ist was«. Hamburg 1972
Domingo, H.: Das Sprachbastelbuch. Ravensburg 1977.
Dräger, M. (Hrsg.): Am Anfang steht der eigene Text. Lesenlernen ohne Fibel. Heinsberg 1988.
Erbe, D.: Wir dichten gemeinsam. In: »Brücken«. Mitteldeutsches Lesebuch. 4. Schuljahr. Bühl 1995, S. 172–173.
Essers-Reinartz, D.: Zur Didaktik des Schreibens. München 1980.
Fleig, P./Hirtler, F./Ries, A.: Wir lernen lesen. Eine Fibel für Stadt und Land. Freiburg o.J.
Fölling-Albers, M. (Hrsg.): Das ABC begreifen und gestalten. Regensburg 1990.
Forytta, C./Hanke, E. (Hrsg.): Lyrik für Kinder. Beiträge zur Reform der Grundschule Band 76. Frankfurt a.M. 1986.
Freudenberger-Lötz, P.: Vom Bilderbuch zur eigenen Geschichte. In: Praxis Grundschule 1994, S. 43–44.
Friedland, A.: Königstochter und Wassermann. Musikalische Aufführung in einer Arbeitsgemeinschaft mit Kindern verschiedener Klassen und Jahrgangsstufen. In: Hegele, I. (Hrsg.), Lernziel: Offener Unterricht. Unterrichtsbeispiele aus der Grundschule. Weinheim und Basel 1994, S. 97–126.
Fritzsche, J.: Schreibwerkstatt. Geschichten und Gedichte. Schreibaufgaben, -übungen und -spiele. Stuttgart 1993.
Gaber, H.-K./Eberwein, H.: Ein Kind lernt schreiben. Stuttgart 1986.
Gansberg, F.: Bei uns zu Haus. Eine Fibel für Stadtkinder. Leipzig 1912.
Gansberg, F.: Der freie Aufsatz. Seine Grundlagen und seine Möglichkeiten. Berlin-Bonn-München ^{4}1954.
Gatti, H.: Schüler machen Gedichte. Freiburg 1979.
Gelberg, H.-J. (Hrsg.): Geh und spiel mit dem Riesen. Weinheim und Basel 1990.
Gerth, K.: Bildergeschichten. Hannover 1972.
Gössmann, W.: Sätze statt Aufsätze. Schriftliches Arbeiten auf der Primarstufe. Düsseldorf 1976.
Gramm, D.: Entwicklungsgemäßes Schreibenlernen. Teil 1: Schreiben in der Vorschule und im 1. Schuljahr. Hannover 1971.
Gümbel, R.: Erstleseunterricht. Frankfurt a.M. ^{2}1986.
Hameyer, U.: Pädagogische Ideenkiste. Primarbereich. Kronshagen 1994.
Hantke, K.: »Schmetterling, Schmetterling, bist ein hübsches buntes Ding«. Hinführung zum freien Schreiben im ersten Schuljahr mit Hilfe einer Lerntheke. In: Hegele, I. (Hrsg.), Lernziel: Texte schreiben, überarbeiten und gestalten. Unterrichtsbeispiele aus der Grundschule. Weinheim und Basel 2000, S. 37–52.

Hegele, I. (Hrsg.): Lernziel: Texte schreiben, überarbeiten und gestalten. Unterrichtsbeispiele aus der Grundschule. Weinheim und Basel 2000.

Heitmann, P. (Hrsg.): Kreativ schreiben.Erfahrungen und Teilnehmertexte. Landau 1996.

Helgert, K.: Buchstabenfest in der ersten Klasse. In: Grundschule 1989, S. 22.

Helmers, H.: Didaktik der deutschen Sprache. Stuttgart 1972.

»Hexenfibel«. Neustadt a.d. Haardt 1947.

Hollstein, G.: Stationenarbeit. Entdecken, erproben, erfahren. Weinheim und Basel 1998.

Hollstein, G.: Werkstatt Bilderbuch. Landau 1999.

Holzgrabe, S.: Literarisches Leben in der Grundschule. Hannover 1987.

Ich will euch was erzählen ... Deutsche Kinderreime. Leipzig 1970.

Jandl, E.: Ottos Mops hopst. Hamburg 1988.

Juno, J.: Die jungen Wiener schreiben wie die alten Griechen. In: Brügelmann, H./Balhorn, H. (Hrsg.), Schriftwelten im Klassenzimmer. Lengwil am Bodensee 1995, S. 16–24.

Kasper, J.: Freies Schreiben – sich frei schreiben. Bremen o.J.

Kleinert, I.: Von der Druckschrift (DS) zur Vereinfachten Ausgangsschrift (VA). In: Grundschule 1992, S. 10–12.

Kohl, M.: Tier-ABC Berlin 1994.

Kretschmer, C.: »Was ich Cornelius beibringe«. In: Praxis Deutsch 11/1986, S. 26–28.

Krichbaum, G.: Wie Kinder schreiben lernen. Heinsberg 1985.

Krüss, J.: So viele Tage wie das Jahr hat. Gedichte für Kinder und Kenner. Gütersloh 1959.

Kulik, H. (Hrsg.): Copyright bei Klasse. Planen–schreiben–gestalten–vervielfältigen–binden. Heinsberg 1986.

La Tavlette. Ein Lehrgang für die rätoromanische Bevölkerung des schweizer Kantons Graubünden. Chur 1984.

Lämmel, A./Frede, A./Gramm, D.: Grundlagen der Schreiberziehung. In: Der Pelikan. Pädagogische Schriften für die Schule. Hannover o.J.

Lämmel, A.: Schreiben nach der Bewegungsmethode. In: Schorch, G. (Hrsg.): Schreibenlernen und Schriftspracherwerb. Bad Heilbrunn 1983, S. 62–70.

Laubscher, W.: Wortflecht und Lautbeiß. Annweiler 1989.

Laun, R.: Freinet – 50 Jahre danach. bvb-edition Schmidt-Herb & Mehlig, Heidelberg ^{2}1983; Vertrieb: Verlag MEDIA COMMUNIKATION.

Leuninger, H.: Danke und Tschüss fürs Mitnehmen. Gesammelte Versprecher. Zürich 1996.

Lionni, L.: Cornelius. München 1994.

Löfgren, U.: Albin hat nie Angst. Hamburg 1974.

Löscher, W./Schweda, U.: Schreiben lernen: Spuren und Schreiben. Frankfurt a.M. 1977.

Maar, P./Heidelbach, N.: Der Aufzug. Weinheim und Basel 1993.

Maar, P.: Dann wird es wohl das Nashorn sein. Rätselhaftes ABC. Weinheim und Basel 1988.

Maar, P.: Eisenbahn-Oma. Hamburg 1981.

Maar, P.: Tier-ABC. Hamburg 1983.

Manz, H.: Die Welt der Wörter. Sprachbuch für Kinder und Neugierige. Weinheim und Basel 1991.

Manz. H.: Mit Wörtern fliegen. Neues Sprachbuch für Kinder und Neugierige. Weinheim und Basel 1995.

Mattenklott, G.: Literarische Geselligkeit. Schreiben in der Schule: mit Texten von Jugendlichen. Vorschläge für den Unterricht. Stuttgart 1979.

Medo, M.-M.: Wie ist es im Lande der Zwerge. Leipzig-Stuttgart-Düsseldorf 1998.

Meiers, K.: Anfangsunterricht im Lesen und Schreiben. In: Lange, G./Neumann, K./Ziesenis, W. (Hrsg.), Taschenbuch des Deutschunterrichts. Bd. 1: Grundlagen – Sprachdidaktik – Mediendidaktik. Hohengehren ^{4}1990, S. 173–198.

Merkelbach, V. (Hrsg.): Kreatives Schreiben. Braunschweig 1993.

Merkl, G. Anfangsunterricht in der Druckschrift-Kapitale. Zürich 1927.
Michels, T./Ball, S.: Komm, Igel, komm. München 1992.
Mosler, B./Herzholz, G.: Die Musenkussmischmaschine. Essen ^{2}1992.
Mrazek, J.: Das Marburger Graphomotorische Programm. Ein Übungsprogramm für das Vorschulalter. In: Motorik 2 (1979), Heft 2, S. 57–63.
Münch, P. G.: Rund ums rote Tintenfaß. Leipzig 1909.
Mulligan, J.: Freies Schreiben lernen. Für Kinder. Mülheim a. d. Ruhr 1994.
Nun schlägt es aber Dreizehn. Karlsruhe 1982.
Payrhuber, R.-J.: Gedichte im Unterricht – einmal anders. München ^{3}1996.
Payrhuber, F.-J.: Schreib mit mir. Mainz 1986.
Pfister, M.: Der Regenbogenfisch. Zürich 1992.
Post-Lange, E./Keller-Bittner, B.: Rund um die Luft. Freies Schreiben. Puchheim 1998.
Pregel, D.: Lesen heute. Texte. Hannover 1971.
Preußler, O.: Das kleine Gespenst. Stuttgart 1966
Puhan-Schulz, B.: Wenn ich einsam bin, fühle ich mich wie acht Grad minus. Kreative Sprachförderung für deutsche und ausländische Kinder. Weinheim 1989.
Rabkin, G.: Der Engel fliegt zu einem Kind. Anregungen zum freien Schreiben und Gestalten. Stuttgart-Düsseldorf-Leipzig 1998.
Raether, A. und U.: Duden-Schülerhilfen. Schreibspiele. Mannheim-Wien-Zürich 1988.
Regelein, S.: Lernspiele für die Grundschule. München 1992.
Reichgeld, M.: Gedichte in der Grundschule. München 1993.
Reumuth, K./Schorb, A. O.: Der muttersprachliche Unterricht. Beiträge zur deutschen Spracherziehung. Bad Godesberg ^{8}1963.
Ritter, A./Hainigg, F.-J.: Meine Füße sind der Rollstuhl. München 1992.
Rodari, G.: Grammatik der Phantasie. Die Kunst, Geschichten zu erfinden. Leipzig ^{2}1999.
Rusch, R. (Hrsg.): Plötzlich ist alles ganz anders. Kinder schreiben über unser Land. Frankfurt a.M. 1992.
Saalberg-Steinhardt, B.: Die Schrift. Geschichte, Gestaltung, Anwendung. Köln 1983.
Schalk, G: Schreiben befreit. Ideen und Tips für das Schreiben in Gruppen und im stillen Kämmerlein. Bonn 1986.
Schatz, J.: Freies Schreiben zu einem Farbdia. Unterrichtsversuch in einem vierten Schuljahr. In: Blumenstock, L./Renner, E. (Hrsg.), Freies und angeleitetes Schreiben. Weinheim und Basel ^{4}1996, S. 120-130.
Scheerer-Neumann, G.: Freiheit und Systematik im Spracherfahrungsansatz. In: Bergk, M./Meiers, K. (Hrsg.), Schulanfang ohne Fibeltrott 1984, S. 179–188.
Scheerer-Neumann, G./Kretschmann, R./Brügelmann, H.: Andrea, Ben und Jana: Selbstgewählte Wege zum Lesen und Schreiben. In: Brügelmann, H. (Hrsg.), ABC und Schriftsprache: Rätsel für Kinder, Lehrer und Forscher. Konstanz 1986, S. 55-96.
Scheuer, G. (Hrsg.): Das Buch der Lurche. Bliesransbach 1988.
Schmitt, O.: Im Geiste Sütterlins. Berlin 1925.
Schmitz, A. D.: Kreatives Schreiben in der Hauptschule. Donauwörth 1998.
Schorch, G. (Hrsg.): Schreibenlernen und Schriftspracherwerb. Bad Heilbrunn ^{2}1992.
Spitta, G.: Anstiften zum Schreiben. Anregungen und Beispiele zum Verfassen von Texten in der Grundschule. Berlin 1989.
Spitta, G.: Freies Schreiben – eigene Wege gehen. Lengwil am Bodensee 1998.
Spitta, G.: Anstiften zum Schreiben. Anregungen und Beispiele zum Verfassen von Texten in der Grundschule. Berlin 1989.
Spitta, G.: Kinder schreiben eigene Texte: Klasse 1 und 2. Bielefeld 1985.
Spitta, G./Reisner, E./Reuss, K. H.: Schreiberfahrungen statt Aufsatzschreiben. Weinheim und Basel 1984.

Spitta, G.: Von der Druckschrift zur Schreibschrift. Frankfurt a.M. 1988.
Stadler, B.: Sprachspiele in der Grundschule. Donauwörth ^{2}1992.
Stadtführer Landau von Kindern für Kinder. Landau 2000.
Stanik, D.: »Elfchen« – Kinder schreiben Lyrik. In: Grundschulunterricht 11/1993, S. 26–27.
Steensen, H.-J.: Das Lernspielebuch. Kronshagen 1995.
Stengel, H.-G.: Die Wortspielwiese. Berlin-Ost 1979.
Sütterlin, L.: Neuer Leitfaden für den Schreibunterricht. Berlin 1926.
Tayler, L./Ingleby, T.: Hexe Wanda. Geschichten für das erste Lesealter. Stuttgart 1970.
Tost, R.: Vom Reiz der Norm. Stilmerkmale der Schulausgangsschrift. In: Die Grundschulzeitschrift 1992, S. 8–10.
Valtin, R.: Erstunterricht mit Großbuchstaben. In: Grundschule 1990, S. 46.
Valtin, R./Naegele, I. (Hrsg.): »Schreiben ist wichtig«. Grundlagen und Beispiele für kommunikatives Schreiben(lernen). Beiträge zur Reform der Grundschule 67/68. Frankfurt a.M. 1986.
Velthaus, G.: Kreativität im ersten Schreiben – der Bedeutungsaspekt im Schreiblehrgang. Essen 1970.
Velthaus, G.: So lernen wir schreiben. Stuttgart ^{2}1968.
Wagner, R.: Formen schriftlichen Sprachgestaltens. München ^{6}1986.
Wallrabenstein, W./ Balhorn, H./Conrady, P./Tymister, H.-J.: Sprache im Anfangsunterricht. München-Wien-Baltimore 1981.
Wedel-Wolf, A.: Gedichte regen zum Schreiben an. In: Praxis Grundschule 5/1992, S. 16–25.
Weinrebe, H.: Vom Umgang mit Witzen. Frankfurt a.M. 1979.
Bundesvereinigung kulturelle Jugendbildung e.V. (Hrsg.): Ich geb's Dir schriftlich. Junge Leute schreiben. Remscheid 1986.
Werder, L. von: Der integrative Ansatz im kreativen Schreiben. Berlin 1993.
Widersinn, R.: Schüttelrauer Rüttelschauer. Das Buch der tausend Schüttelverse. Wien o.J.
Wünnenberg, H. H.: Boff – Kinder schreiben sich frei. Heinsberg 1989.
Zander, S.: Aufsatzunterricht in der Grundschule. Bochum 1972.
Zimmermann, O.: Licht und Leben im ersten Leseunterricht. Braunschweig 1914.
Zülch, M.: Lehrer und Schüler verändern die Schule. Bilder und Texte zur Freinet-Pädagogik. Frankfurt a.M. o.J.